La CHIROMANCIE DIVINATOIRE

Éditions Ellébore

Direction éditoriale : Édouard Frison-Roche
Édition : Lucie Bernamont
Couverture, création graphique et mise en pages : Charlotte Thomas

Collection Oseleso
ISSN : 2681-3122

ISBN : 979-10-230-0187-7

ose|ose

Agathe Jolien

La CHIROMANCIE DIVINATOIRE

Les dessous des lignes de votre main

Ellébore

« Tout ce qui se passe dans nos mains
est le fruit de la pensée consciente,
d'un sentiment, d'une émotion,
qui à son tour crée une expérience.
Si on change notre conscience,
nos émotions, on change l'expérience.
C'est la beauté de la chirologie,
ce qui est écrit peut être changé. »

Jean-Jacques Guyot

SOMMAIRE

INTRODUCTION 13
LES PREMIERS TÂTONNEMENTS 19

Historique et évolution de la chiromancie 22

Main gauche ou main droite ? 27

Chiromancie moderne et développement personnel 34

Comment lire les lignes de la main ? 38

Connaître les monts 40

Le mont de Vénus 42
Le mont de Mercure 42
Le mont d'Apollon 42
Le mont de Saturne 43
Le mont de Jupiter 43
Le mont de Mars 44
Le mont de la Lune 44

Connaître les doigts de votre main 46

Le doigt de Vénus 47
Le doigt de Jupiter 48
Le doigt de Saturne 48
Le doigt d'Apollon 48
Le doigt de Mercure 49

Les lignes majeures 50

La ligne de vie ... 51
Ligne de vie courte ou segmentée ... 53
Ligne de vie peu marquée ... 55
Ligne de vie profonde ... 55
Ligne de vie tortueuse ... 56
Croisement avec la ligne de la famille ... 57
Croisement avec la ligne du destin ... 58
Croisement avec la ligne de tête ... 59
La ligne de tête ... 61
Ligne de tête marquée ... 64
Ligne de tête nette ... 64
Ligne de tête floue ... 64
Longueur de la ligne ... 65
Ligne de tête indépendante ... 65
Ligne de tête mêlée aux autres lignes ... 66
Branches dans la ligne de tête ... 66
Rupture ou barre ... 67
La ligne de cœur ... 68
Ligne de cœur profonde ... 70
Ligne de cœur marquée ... 70
Ligne de cœur effacée ... 70
Longueur de la ligne de cœur ... 71
Ligne de cœur se terminant par une fourche ... 72
Ligne de cœur s'achevant au niveau de l'index ... 72
Ligne de cœur s'achevant entre l'index et le majeur ... 73
Ligne de cœur incurvée ... 73
Ligne de cœur rectiligne ... 74
Ligne de cœur s'achevant vers le bas ... 74
Ligne de cœur bifurquant vers le haut ... 74
Particularités de la personnalité simienne ... 75
Ligne de cœur croisant d'autres lignes principales ... 75

Les lignes secondaires ou mineures 79
La ligne du destin et la ligne de chance 81
Ligne du destin nette 83
Ligne du destin faible.. 84
Naissance de branches dans la ligne du destin 84
Rupture dans la ligne du destin 84
La ligne d'Apollon... 86
Ligne d'Apollon marquée.. 87
Ligne d'Apollon se scindant en plusieurs autres lignes............ 88
Ligne d'Apollon effacée.. 88
Ligne d'Apollon segmentée 89
La ligne de Mercure... 90

Ce que vous apprend la lecture de vos deux mains 92
Ligne de cœur droite plus haute que celle de la gauche........... 95
Lignes de cœur alignées.. 95
Ligne de cœur gauche plus haute que celle de la droite........... 96

Les lignes du poignet 98
La ligne de vie 99
Ligne de vie continue.. 100
Ligne de vie effacée.. 100
Ligne de vie brisée 100
La ligne de la réussite 102
Ligne de la réussite forte 102
Ligne de la réussite segmentée... 103
Ligne de la réussite effacée 103
La ligne des relations.. 104
Ligne des relations faible.. 105

Ligne des relations forte 105
La ligne de l'exception 106
SAVOIR LIRE LES LIGNES 109
Quelques outils pour votre pratique **110**
Quelques idées reçues : le cas des signes de richesse **113**
Une étoile 115
Le poisson 115
Une ligne courbe partant du mont de Mars jusqu'au doigt du Soleil 116
Une ligne de Saturne marquée 116
La ligne de Mercure 117
Formation d'un triangle 117
Ligne de Saturne montante qui se segmente 118
Présence d'un « grain de riz » sur votre pouce 118
Lignes sortant du doigt du Soleil 118
CE QUE LA CHIROMANCIE DIT DE VOUS ET DE VOTRE SANTÉ 121
Ce que vos mains révèlent de vous **123**
Votre capacité d'expression 124
Votre tempérament et votre nervosité 126
Ce que vos doigts révèlent de vous **127**
Comparaison des doigts d'Apollon et de Jupiter 128
Ce que révèle un doigt d'Apollon plus long que celui de Jupiter 128

Ce que révèle la taille du doigt de Jupiter par rapport à celle du doigt d'Apollon 129
Petit doigt, mais grand message 130
Votre auriculaire est inférieur à l'articulation supérieure de votre annulaire 130
Votre auriculaire arrive au niveau de l'articulation supérieure de votre annulaire 130
Votre auriculaire dépasse l'articulation supérieure de votre annulaire 131
Ce que le doigt de Vénus révèle de votre état d'esprit et de votre santé 131
Pouce court 131
Pouce long 132
Un pouce « obtus » 132
Un pouce « sablier » 132
Votre pouce reste droit 133
Votre pouce est pliable 134
Ce que vos doigts révèlent sur votre santé 135
Les doigts « en cuillère » 135
Les doigts en forme de cône 135
Les doigts fins et longs 136
Les doigts de forme carrée 136

Chiromancie et lecture de vos ongles 137
Ce que vos ongles révèlent de votre tempérament 138
Petits ongles 138
Ongles de forme ovale 138
Grands ongles 139
Lunule de l'ongle 140
Présence de striures verticales dans les ongles 140
Présence de striures horizontales 141

Ongle du pouce 141
Ce que révèlent les ongles sur votre santé 142
Ongles « en cuillère » 143
Lignes de Beau 144
Onycholyse 144
Ongle jaune 145
Trous dans l'ongle 145
Les ongles de Terry 145
Hippocratisme digital 146
FICHES PRATIQUES 149
CONCLUSION 167
BIBLIOGRAPHIE 171
Ouvrages 172
Vidéos 173
Sites internet 174

INTRODUCTION

La chiromancie désigne, dans le domaine de l'ésotérisme, l'art de savoir lire dans les lignes de la main. Cette pratique divinatoire s'appuie sur la lecture et l'interprétation des informations et messages que transmettent nos mains. Tout comme notre identité, notre patrimoine génétique ou encore la pigmentation de nos yeux, les caractéristiques des lignes de notre main sont uniques, et nous en apprennent beaucoup sur notre fonctionnement et sur notre existence, à condition de comprendre leur signification. Pour certains chiromanciens, leur lecture constitue un moyen d'anticiper les difficultés de l'existence comme le deuil ou la rupture, de prévoir des changements de vie majeurs – un déménagement ou une promotion par exemple –, ou encore d'anticiper l'arrivée d'une maladie ou d'un problème de santé. Pour d'autres, nos mains sont simplement révélatrices de notre façon d'être, autant que le reflet de notre vitalité.

Vous pouvez pratiquer la chiromancie tout au long de votre vie, afin de suivre la manière dont les lignes de vos mains fluctuent, au fil des âges et des épreuves. C'est cette évolution qui rend la chiromancie si riche et explique pourquoi il est complexe de la pratiquer. En tirer des conclusions peut exiger de faire preuve de recul et d'avoir recours à une analyse plus approfondie. L'humain est en effet source de paradoxes, ce qui le rend difficile à cerner. Les émotions qui nous traversent et les choix que nous faisons peuvent, pour les personnes extérieures, sembler incompréhensibles ou illogiques. Ainsi, les cas de figure que nous allons aborder pourraient ne pas tous s'appliquer de la même manière pour chacun d'entre vous.

Bien qu'il soit difficile de dater l'apparition de la chiromancie, on considère communément que c'est en Inde que celle-ci a vu le jour, avant de se développer en Chine, puis au Japon, pour finalement arriver en Europe dès le milieu du XIIe siècle, sous la forme d'un art ésotérique. La chiromancie ayant beaucoup voyagé, cette dernière a beaucoup évolué au fil des siècles. Certains chiromanciens défendent ses caractéristiques divinatoires, quand d'autres arguent qu'il n'existe pas de destin. De même, sa pratique fluctue d'un spécialiste à l'autre, certains pratiquant une lecture des deux mains et d'autres, de chaque main séparément, raison pour laquelle nous tâcherons de détailler au mieux ces différents aspects, afin que vous puissiez pratiquer de la façon la plus pertinente et la plus complète possible.

Cet ouvrage propose une approche aussi bien théorique que pratique. Vous y trouverez également des fiches pratiques qui pourront vous aider à naviguer au milieu des termes techniques. Avant de commencer, je vous conseille de vous exercer régulièrement, au fil des chapitres de cet ouvrage, pour que votre apprentissage se fasse en douceur. Cela vous permettra de ne pas vous laisser désarçonner par une trop grande quantité d'informations, mais aussi de faciliter la lecture en procédant par étapes. Si certains points vous posent souci, n'hésitez pas à revenir en arrière, afin d'y voir plus clair.

Belle découverte !

WILL
LOGIC
HEART
HEAD
LIFE
FATE
SUN
HEALTH
LOVE
INTUITION
VENUS
RASCETTE LINES

LES PREMIERS TÂTONNEMENTS

Les personnes non initiées associent généralement la chiromancie à une forme particulière de voyance, utile pour connaître à l'avance les tours que nous prépare le destin. Mais cette capacité d'anticipation n'est pas le seul fondement de la chiromancie. En effet, son but premier est de vous permettre de conscientiser les forces et les tensions qui sont à l'œuvre en vous, afin de prendre la mesure de vos atouts, de vos caractéristiques et de retrouver le plein contrôle de votre vie. Bien sûr, lire certaines lignes de votre main peut vous renseigner sur votre avenir amoureux ou professionnel, bien que de telles prémonitions puissent être difficiles à interpréter pour les néophytes, mais l'objectif est de comprendre en quoi l'étude des lignes de la main vous amènera à évoluer et à déployer votre potentiel, pour mieux vivre votre vie.

Au travers de ces pages, je vais donc vous apprendre comment lire les lignes de votre main et comment puiser dans ces enseignements pour devenir la meilleure version de vous-même, dans le respect de vos aspirations et de vos valeurs profondes. Comme nous l'abordions en introduction, la chiromancie est apparue en Orient il y a plus de cinq mille ans, puis s'est répandue en Occident dès le bas Moyen Âge. Cette pratique très ancienne s'est par la suite perfectionnée au cours des siècles, même si ses fondements sont restés relativement identiques.

Il est légitime de se demander comment les lignes d'une main peuvent être porteuses de tant d'informations. Ces apports tiennent en grande partie à leur caractère unique, puisque leur forme et leur profondeur varient selon chaque individu. Cette unicité a donc conduit à penser que les lignes de la main étaient les éléments les plus à même de représenter notre identité, mais également de nous informer sur le sens de notre vie, dans ce que cela a de plus complexe et de plus personnel. En effet, si vous pouvez copier le comportement d'autrui, modifier votre apparence, dissimuler vos travers, les lignes de vos mains, elles, demeurent le reflet fidèle de ce que vous êtes. Vous nourrissez certainement une grande impatience à l'idée d'en commencer la lecture. Mais avant d'en arriver à la pratique, encore faut-il comprendre ce dont il retourne. La chiromancie, c'est l'art de lire les lignes de la main, oui, mais ensuite ? D'où provient-elle ? Sur quoi se fonde-t-elle ? Comment lire et interpréter chacune des lignes ? Quels liens entretiennent-elles ? Autant de questions auxquelles il convient de répondre afin de privilégier une approche complète et précise.

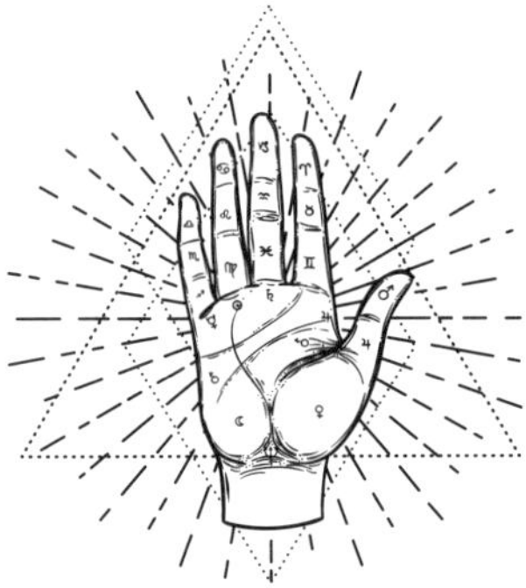

HISTORIQUE ET ÉVOLUTION DE LA CHIROMANCIE

Impossible d'aborder la chiromancie sans s'intéresser à son histoire, tant cette pratique est riche et ancienne. Car c'est bien en effectuant un rapide retour en arrière que l'on parvient à saisir ce dont il est réellement question et à dépouiller la chiromancie de toutes les idées reçues, dont l'histoire l'a peu à peu recouverte. La chiromancie est un art fermement ancré dans l'imaginaire collectif, ce qui rend complexe sa datation. Nous nous représentons très souvent une bohémienne pratiquant dans sa caravane, à l'occasion de foires ou d'événements publics. S'il y a là une part de vérité, cette image reste en réalité très réductrice, car la chiromancie est bien plus que cela et fut pratiquée par des personnes issues de toutes les couches de la société, des plus populaires aux plus aisées. L'être humain est par nature curieux de son avenir et de ses rouages. Il a très vite cherché à se connaître et c'est au croisement de cette quête de savoir et de mystique qu'est née la chiromancie.

Bien que nous ne disposions que de peu d'informations, l'apparition de la discipline remonte à l'an 2000 avant Jésus-Christ, en Chine ou en Inde, selon les sources. Le terme de « chiromancie » apparaît effectivement pour la première fois dans le texte hindou *Lois de Manu*, daté de cette période. Ce document est l'une des rares sources antiques qui soit parvenue à notre époque, bien qu'il reste possible que la chiromancie ait été mentionnée plus tôt. Cet art a très vite pris une importance primordiale pour certaines populations religieuses de l'époque, dont les hindous. Nous en avons également retrouvé des traces chez les Babyloniens, les Tibétains, avant que la chiromancie ne se diffuse ensuite chez les Égyptiens, les Grecs et les Romains.

Si, dans la culture européenne, la chiromancie a longtemps été rattachée à l'idée de destinée, chez les bouddhistes, il s'agissait plutôt d'un art permettant de reprendre le contrôle de sa vie et de son destin. Cette pratique a d'ailleurs pris tant d'ampleur que les moines eux-mêmes l'ont enseignée, mêlant les rudiments de la chiromancie à des notions philosophiques et spirituelles, qui ont considérablement enrichi cette pratique. En effet, les bouddhistes ne se limitaient pas à une simple lecture des lignes de la main, ils prenaient en considération l'individu à part entière, en s'attelant à comprendre son évolution psychologique, philosophique et spirituelle. Ainsi, il n'était pas rare qu'avant même de commencer leur lecture, ils détaillent la personne leur faisant face et la questionnent sur son mode de vie, ses préférences et ses activités. L'objectif de cette approche était d'avoir une vision plus globale, plus intime et plus vraie, qui entre par la suite en résonance avec les éléments révélés par leur lecture. Cette considération a permis de mettre en avant l'idée que la lecture d'une seule ligne ne suffisait pas à faire sens et qu'elle devait s'ajouter à l'analyse des autres, au risque de mener à un message biaisé.

Il faut attendre plusieurs siècles pour que ces enseignements se diffusent en dehors des murs des monastères, dans un cadre plus large et non cantonné à la sphère religieuse. C'est le pendant philosophique de la chiromancie, mis en avant par les bouddhistes, qui va participer à sa diffusion et séduire des penseurs et philosophes de renom tels qu'Aristote, qui tenta de comprendre et d'analyser cette pratique. La première trace écrite à ce sujet est le texte *Chiromantiae*, écrit environ 300 ans avant Jésus-Christ, qui s'interroge sur le rapport entre les lignes de la main et le destin, la destinée étant l'un des sujets de prédilection de la philosophie de la Grèce antique. Ce sont par la suite les travaux d'Hippocrate (460-377 av. J.-C.), médecin grec de l'Antiquité, qui permirent à la chiromancie de se développer. Ces recherches ont abouti à l'apparition de l'étude des ongles et plus spécifiquement de leur aspect, afin de prévenir et d'anticiper l'apparition de certaines maladies, qu'elles soient mentales, pulmonaires, digestives ou cardiaques.

D'autres figures historiques majeures comme Jules César, pour citer le plus connu, ont eu recours à la chiromancie, afin d'y trouver des conseils ou de s'assurer de la fiabilité des individus dans lesquels ils plaçaient leur confiance. Cela représentait pour eux un moyen de connaître la nature profonde de l'humain, sans dissimulation ni faux-semblant. Puis, durant plusieurs siècles, nous avons perdu la trace des mentions faites de la chiromancie, un fait qui s'explique sans nul doute par l'interdiction de cette pratique par l'Église. Cette dernière considérait que la chiromancie était l'œuvre du diable et punissait ses pratiquants, les contraignant à la clandestinité. Ainsi, la chiromancie s'est diffusée de façon secrète et souterraine par l'intermédiaire des bohémiens, qui la faisaient connaître dans l'illégalité au cours de leurs voyages, ce qui renforça l'aura mystique qui l'entoure.

C'est finalement au XVe siècle que la chiromancie émerge de nouveau par l'entremise du médecin suisse Paracelse (1493-1541), également connu pour être un théologien et un philosophe novateur, dont les travaux servirent de base au développement de la médecine et du courant naturaliste. Le médecin et astrologue anglais Robertus de Fluctibus (1574-1637), défenseur de la philosophie paracelsienne, poursuivit finalement ses recherches sur la chiromancie. Mais en dépit de cet intérêt de la haute société, la chiromancie demeurera une pratique illégale, associée aux bohémiennes, communément appelées « diseuses de bonne aventure ». Ce n'est qu'à la fin du XVIIe siècle, sous l'influence des travaux d'Aristote, que la chirologie se développera plus librement, entraînant ainsi un regain d'intérêt très fort pour cette pratique. Cet engouement donnera également lieu à de nombreuses études, ouvrages et expérimentations qui ont permis de développer considérablement les méthodes de lecture des lignes de la main, afin de déterminer le caractère profond et le tempérament des individus. Au XXe siècle enfin, la chiromancie telle que nous la connaissons aujourd'hui devient un art couramment pratiqué par les chiromanciens et gagne finalement une majeure partie des pays de l'Europe.

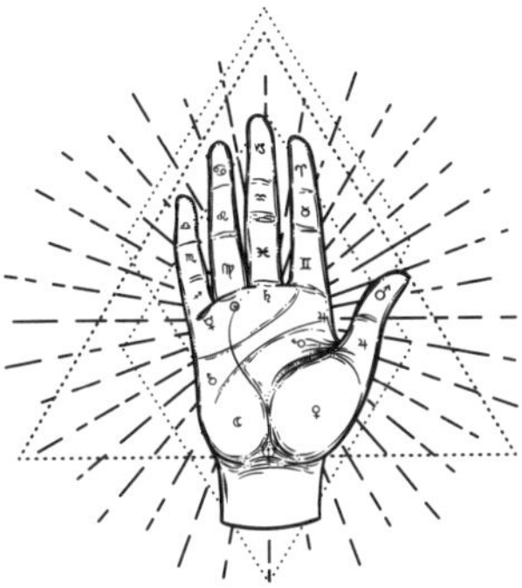

MAIN GAUCHE OU MAIN DROITE ?

Si vous débutez dans votre apprentissage de la chiromancie, vous vous êtes très certainement déjà posé la question suivante : par quelle main commencer ? Doit-on étudier la main gauche ou la droite ? Les deux, peut-être ?

En observant vos deux mains l'une à côté de l'autre, il y a fort à parier que vous constatiez de petites différences. Différences de formes, de longueurs des doigts, de lignes, certaines étant plus marquées et d'autres, plus effacées à gauche qu'à droite, par exemple. Dès lors, à quelle main se fier ? Quelle main détient la vérité ? Les deux, en fait, à condition de savoir comment les interpréter. La lecture des lignes de la main est une pratique complexe, qui nécessite des connaissances, mais aussi de l'expérimentation. Ainsi, lorsque vous débutez, il est contre-productif de vouloir lire toutes les lignes en même temps et de prendre en considération vos deux mains simultanément. Pour ne pas brouiller les signes et risquer de vous décourager, focalisez-vous, dans un premier temps, sur la lecture de votre main dominante, en d'autres termes, la main dont vous vous servez au quotidien. Si vous êtes ambidextre, privilégiez la main avec laquelle vous écrivez. Pourquoi choisir la main dominante ? Il s'agit de celle que vous sollicitez le plus et qui est la plus porteuse de sens concernant votre mode de vie, vos habitudes alimentaires, votre profession ou encore vos capacités motrices et cérébrales, comme nous l'aborderons en détail un peu plus loin.

Si vous consultez des chiromanciens de profession, ces derniers analyseront vos deux mains, car ils disposent de davantage d'expérience ; mais pour les néophytes, en revanche, il est conseillé de se focaliser sur la main dominante, afin de ne pas multiplier les informations contraires et de faciliter ainsi la lecture. Vous pourriez être tentés d'outrepasser ce conseil, en privilégiant, par exemple, la main qui vous semble la plus facile à lire, mais cela risquerait de vous faire acquérir de mauvais automatismes et de ralentir votre apprentissage. De plus, bien que les avis des experts divergent à ce sujet, certains chiromanciens continuent de défendre l'idée que chacune de nos mains est investie d'une signification différente, se rattachant à un moment précis de l'existence, ce qui explique que leur lecture n'est pas interchangeable.

- **Pour les droitiers :** la main gauche est tournée vers le passé quand la main droite, elle, est dirigée vers l'avenir. Elle sera porteuse d'informations clés, permettant de faire votre introspection.
- **Pour les gauchers :** la main droite concerne le passé et, à l'inverse, la gauche représente l'avenir. Sa lecture peut vous permettre d'anticiper les épreuves qui vous attendent ou de prévenir des maladies futures.

J'évoquais tout à l'heure le sujet des personnes ambidextres, qui peuvent avoir des difficultés à déterminer leur main dominante, bien que l'une prenne souvent le pas sur l'autre. Mais cette question peut également concerner les « gauchers contrariés », qui ont été contraints, dès l'enfance, à changer de main dominante. Si c'est votre cas et que vous ne savez pas quelle main lire en priorité, demandez-vous laquelle vous utilisez spontanément, sans y songer, ou avec le plus de facilité. Cet exercice vous permettra peut-être de vous réconcilier avec votre main gauche ou d'étudier en détail votre motricité, et vous sera profondément bénéfique puisque vous vous connaîtrez mieux. La main que vous utilisez par réflexe – pour éviter une chute, par exemple – est toujours la main tournée vers le futur. L'autre concerne le passé. Ainsi, votre main dominante est liée à votre vie, quand votre main passive, elle, reflète votre passé, ce que vous étiez à la naissance et votre potentiel inné, ce qui explique que ces lignes changent rarement.

Mais bien que cette distinction soit communément admise, certains chiromanciens contemporains nuancent cette idée, voire s'en détachent complètement, au sein de leur analyse. C'est le cas du formateur Jean-Jacques Guyot, astrologue et chiromancien de formation, pour qui cette conclusion doit être actualisée. Selon lui, il n'est pas concevable que le passé soit inscrit dans notre main gauche, main dont les lignes varient et changent aussi au fil de notre vie, quand le passé, lui, reste immuable. Il met en avant le fait que le cerveau est le vrai et seul garant de notre passé, capable de mémoriser nos souvenirs et notre expérience. De même, il s'interroge sur le fait qu'un futur qui n'est pas encore réalisé se trouve, dans son entièreté, dans nos mains. Il conseille de ne pas se fonder uniquement sur la question de notre main dominante, pour privilégier plutôt une lecture complémentaire de nos deux mains, avançant que l'âme – ou l'énergie – circule dans tout le corps. Pour faire comprendre son raisonnement, il prend ainsi la métaphore d'une radio : « Un poste radio vous donne de la musique.

Si vous démontez le poste radio, vous ne trouverez pas la musique[1]. » Cette distinction l'amène à expliquer que, pour se connaître de la façon la plus complète qui soit, il ne faut pas s'en tenir aux messages délivrés par les lignes de notre main, mais bien prendre également en considération nos empreintes. Ainsi, lors de ses séances, il encre intégralement la main de ses clients et non uniquement leur paume. Enfin, il complète son analyse en la mettant en corrélation avec la particularité de notre cerveau, composé de deux hémisphères chargés de gérer des capacités qui leur sont propres. Ainsi, l'hémisphère cérébral gauche serait responsable de l'intelligence rationnelle et l'hémisphère cérébral droit, de l'intelligence émotionnelle. Or, les connexions de ces mêmes hémisphères sont inversées, par rapport à notre corps. L'hémisphère gauche gère notre côté droit et inversement. C'est également valable pour nos mains, ce qui explique pourquoi Jean-Jacques Guyot prend en considération les deux lors de ses lectures.

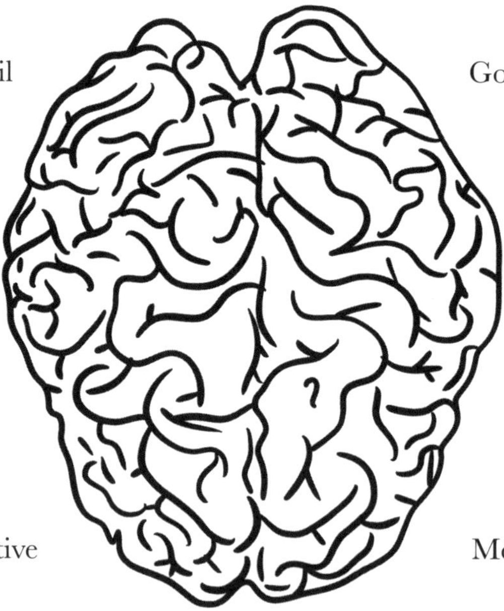

Figure 1 : les hémisphères du cerveau

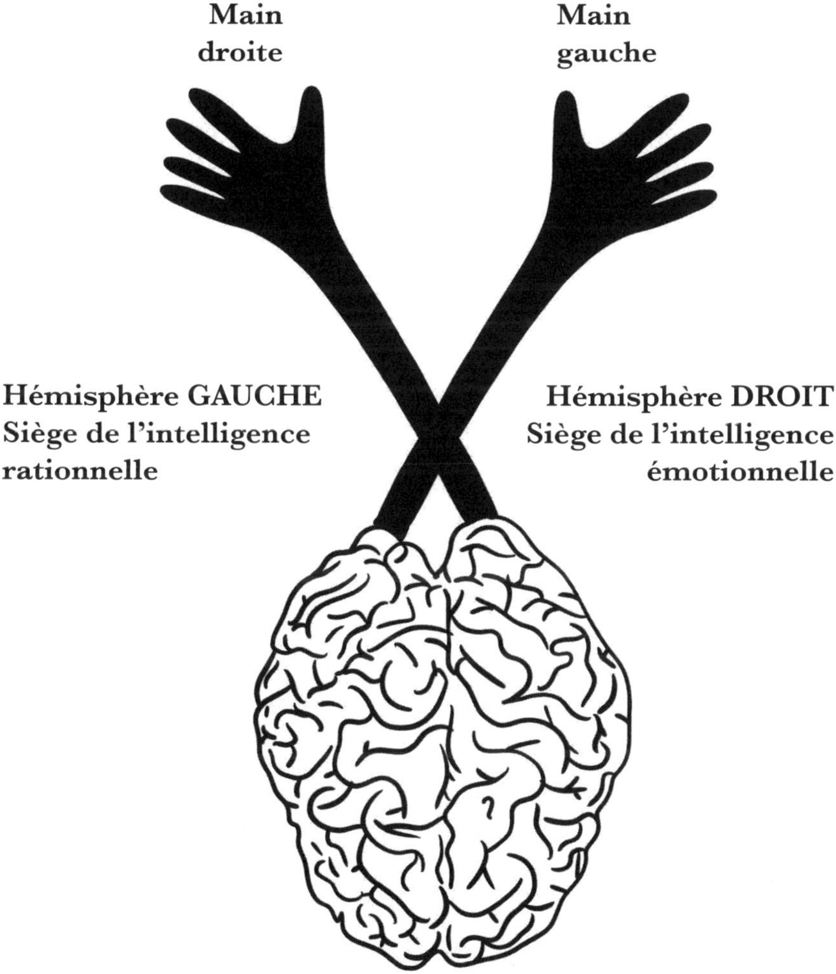

Figure 2 : la lecture des mains, d'après Jean-Jacques Guyot

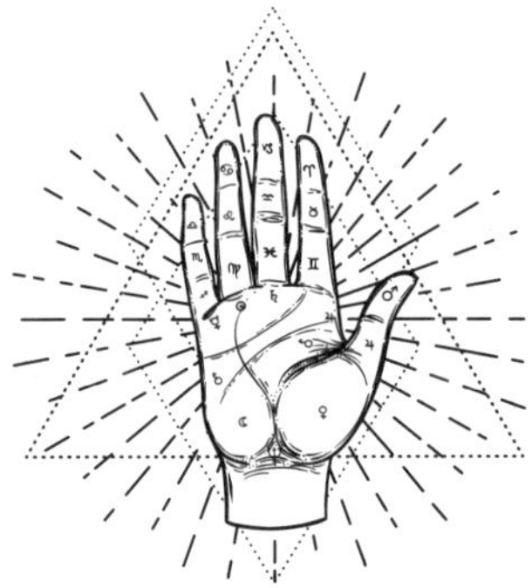

CHIROMANCIE MODERNE ET DÉVELOPPEMENT PERSONNEL

Jean-Jacques Guyot défend une chiromancie contemporaine où « l'on ne trouve pas le passé et le futur à l'intérieur de nous, mais on le fabrique dans le présent ». Cette approche est l'une des premières nuances apportées dans la chiromancie moderne, où la lecture des lignes de notre main devient un moyen de guider et d'accompagner notre évolution, plutôt qu'un don de prémonition. En cela, la chiromancie contemporaine diffère des autres arts divinatoires puisque sa pratique ne consiste pas uniquement en une prédiction de l'avenir, mais vous permet de redevenir pleinement acteur de votre vie. En effet, au-delà de la question de la prédiction, elle permet d'affiner votre connaissance de vous-même, mais aussi de vos atouts et vos faiblesses. Mieux vous connaître, c'est être conscient de vos désirs, c'est savoir vous fixer un but, prendre en considération vos rêves. Mais c'est également admettre que, parfois, une situation vous est pénible ou encore que vous n'employez pas le plein potentiel qui est le vôtre. En d'autres termes, c'est arriver à faire un bilan qui appellera une volonté de changement. C'est la raison pour laquelle la chiromancie peut pleinement intervenir dans la reprise en main de votre vie, pas de façon passive, en vous contentant de lire les signes, mais de façon active, en faisant vos propres choix, en vous détachant de votre peur et en osant passer à l'action. Lire les lignes de votre main ne doit pas vous enfermer dans la fatalité ou vous servir de prétexte pour laisser perdurer une attitude ou une situation inconfortable, mais bien servir de moteur au changement. Il est, en effet, tout à fait possible d'agir sur l'orientation de vos lignes, en renforçant une ligne faible par de bonnes prises de décisions, tout comme il est possible d'en affaiblir certaines, en vous laissant aller à l'inaction.

Ainsi, la lecture des lignes de la main peut être pensée comme un outil permettant d'atteindre une plus grande lucidité, pour accompagner le changement et vous mettre en garde contre des épreuves avant qu'il ne soit trop tard. Lors d'une tempête, vous n'avez pas le pouvoir d'influer sur la météo, tout comme vous n'avez parfois pas de prise sur les crises graves que vous traversez dans votre vie, à l'image de la mort d'un proche, par exemple. C'est un fait, vous ne pouvez empêcher l'arrivée de l'orage. En revanche, vous pouvez décider de l'impact que ce dernier aura sur vous et vous préparer à l'affronter. La chiromancie est comme un ballon météo. Au fil des siècles, elle a évolué, passant d'une pratique divinatoire à une pratique préventive, à mesure que l'idée de libre arbitre s'est développée. C'est pourquoi une majorité de chiromanciens enseigne aujourd'hui la manière d'anticiper les événements de mauvais augure – signalés par une rupture ou par l'apparition d'une île sur la ligne de notre main –, afin de pouvoir les éviter et, ainsi, d'avoir une pleine maîtrise de notre futur. Si, par exemple, par la lecture de votre ligne de cœur, vous avez connaissance de vos difficultés d'engagement au sein de vos relations amoureuses, qui risquent de conduire à l'échec de ces dernières, plutôt que d'atteindre passivement que la rupture s'opère, tâchez dès aujourd'hui d'agir sur votre comportement pour l'éviter.

Enfin, la pratique de la chiromancie ayant évolué, les informations de chaque ligne ne sont plus traitées indépendamment les unes des autres, mais bien en concordance, car ce qui touche au niveau du cœur, des émotions, aura également une répercussion sur l'état d'esprit, le mental et réciproquement. Les lignes de la main sont comme des vases communicants, ce qui explique que chacune des épreuves que vous traversez peut avoir des conséquences sur tous les aspects de votre vie. La chiromancie est là pour vous aider à orchestrer au mieux les différents domaines de votre existence.

Note : au-delà de ces questions de développement personnel, la chiromancie moderne a amené d'autres évolutions, comme l'apparition de la ligne allergène. Autrefois, les chiromanciens désignaient cette ligne comme la ligne de poison, symbole de mort certaine. Aujourd'hui, elle apparaît chez les gens ayant des tendances allergiques.

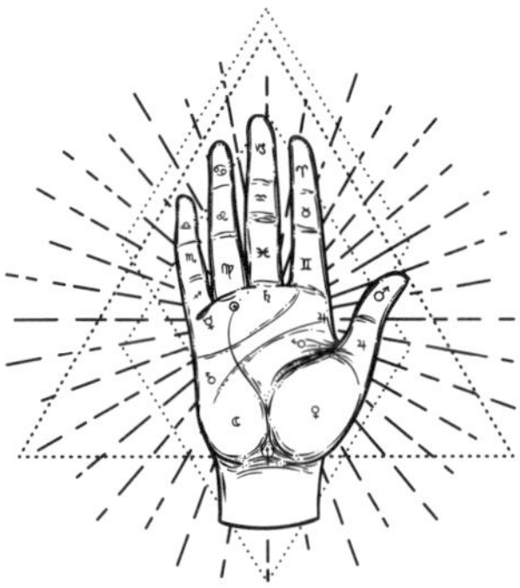

COMMENT LIRE LES LIGNES DE LA MAIN ?

Avant d'aborder plus en détail la lecture des lignes de votre main et le sens spécifique qui y est associé, intéressons-nous à la morphologie de votre main, essentielle pour comprendre les bases de la chiromancie. Lorsque l'on parle de chiromancie ou de chirologie, on visualise instinctivement les lignes de notre main, en oubliant un élément principal : l'étude de notre main en elle-même. Cette dernière peut vous paraître simple et ordinaire, mais a en réalité beaucoup à vous apprendre. Vos mains sont le miroir de votre personnalité, de vos choix de carrière, mais également de vos aspirations personnelles. Pour apprendre à lire les lignes de la main, il faut comprendre comment celle-ci est formée et quelles sont les énergies qui la traversent. Pour vous permettre de distinguer chacune des lignes dont nous allons parler, mais aussi de comprendre en quoi cette dernière est porteuse de sens, nous allons commencer par une cartographie de la main, qui vous familiarisera avec certains termes techniques, tels que les monts, les bosses ou les îlots. Nous aborderons ensuite la question des lignes principales et secondaires, mais également les autres éléments qui composent votre main, l'interprétation de la forme de vos doigts, de vos ongles et des lignes du poignet, qui constituent des pans peu connus de la chiromancie, mais malgré tout essentiels.

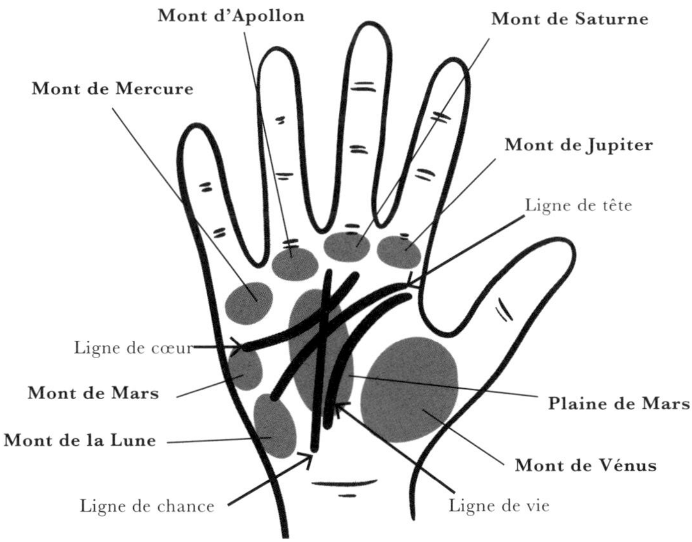

Figure 3 : lignes et monts principaux

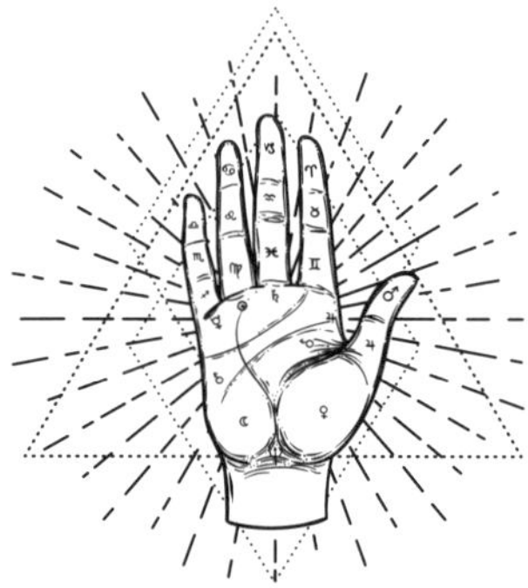

CONNAÎTRE LES MONTS

Lorsque l'on parle d'anatomie de la main, on pense spontanément aux doigts et aux paumes de la main. Mais connaissez-vous l'existence des monts ? Il s'agit de petites bosses présentes sous la base de chacun de vos doigts, mais également sur votre paume, qui vont modifier son apparence et constituer les premières balises de l'étude chiromancienne, car c'est sur ces monts que se concentre votre énergie. Au nombre de sept, ils sont nommés d'après un astre (Vénus, Jupiter, Saturne, Soleil, Mars, Mercure et Lune) et sont associés à des caractéristiques précises qui leur sont propres. Il est important de connaître les monts puisque, en chiromancie, ce sont eux qui ont donné leur nom aux doigts et aux lignes de la main. En effet, nous n'employons pas dans ce domaine les termes anatomiques pour désigner les doigts de la main, mais nous recourons à leurs noms mythologiques. Ces derniers représentent également des points de repère permettant d'identifier les lignes de votre main. Sans eux, il sera difficile de vous y retrouver lors de vos analyses. Connaître leurs caractéristiques est primordial pour pratiquer la chiromancie, puisque la forme des monts, qu'elle soit creuse, bombée ou saillante, est porteuse de sens et peut influencer la lecture des lignes de votre main.

Avant de passer à l'analyse, commençons par une rapide présentation de vos monts. Vous pourrez vous y reporter au fil de vos expérimentations afin de ne pas vous égarer.

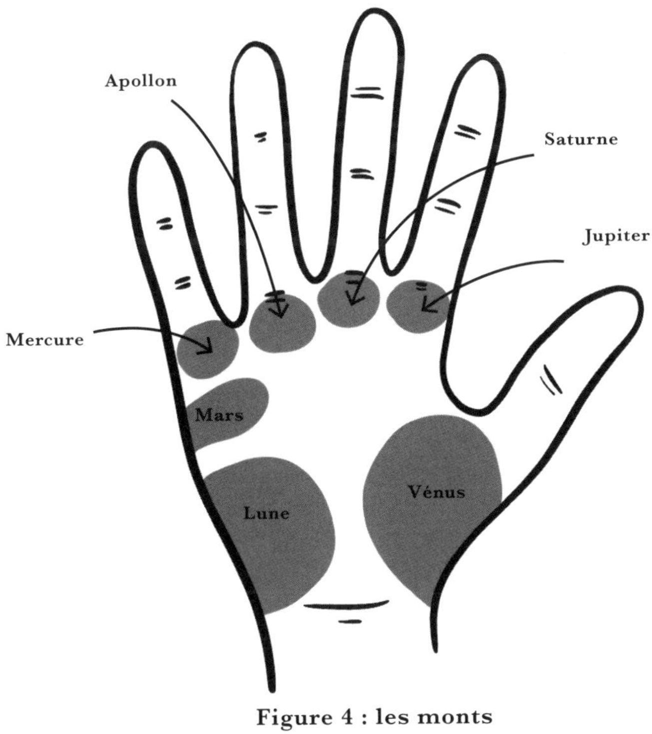

Figure 4 : les monts

Le mont de Vénus

Il renvoie communément à l'énergie féminine, mais ne se retrouve pas exclusivement chez les femmes. En effet, ce mont est l'incarnation de votre capacité à aimer et à séduire ; il se situe à la base du pouce et de l'index. Il sera voyant chez les personnes ayant une sexualité développée et relativement plat chez ceux ayant du mal à séduire. Notez que des hachures qui strient le mont de Vénus indiquent une grande générosité.

Le mont de Mercure

Situé sous l'auriculaire, il définit votre capacité de communication. S'il est de taille raisonnable, vous disposez de bonnes capacités de communication. S'il est petit, vous êtes de nature réservée ou peinez à parler en public. Une taille beaucoup plus grande que la normale pourra trahir une tendance au mensonge ou à la manipulation. Cependant, il peut également refléter vos capacités mentales et témoigner d'une vivacité de réflexion lorsqu'il est bombé.

Le mont d'Apollon

Aussi appelé mont du Soleil, il se situe au niveau de l'annulaire. Il est rattaché à la lumière et à la capacité de briller, d'inspirer les autres. Ceux qui font preuve de beaucoup d'humilité auront un mont d'Apollon très petit, les autres en revanche feront montre d'un tempérament relativement orgueilleux ou auront tendance à se mettre en avant.

Le mont de Saturne

Il renvoie à la notion de discipline et de contrôle et est donc, naturellement, situé au niveau du majeur, le doigt de la main dont le rôle est de générer de la force pour serrer ou pousser ce que l'on touche. Chez les personnes ayant une forte notion de la discipline et de l'effort, il sera visible. Chez les autres, en revanche, il aura tendance à être de taille plus petite ou simplement en creux. Il peut ainsi être l'indicateur d'un manque de travail ou de rigueur de votre part et vous amener à corriger votre attitude.

Le mont de Jupiter

Lié à la foi et à l'enthousiasme naturel, le mont de Jupiter se tient sous l'un des doigts les plus importants. En effet, l'index est le doigt que nous utilisons le plus après le pouce, car il permet de manipuler tous les objets du quotidien. De même, votre confiance et votre foi en l'avenir sont essentielles pour réussir ce que vous entreprenez et avancer dans la vie, sans vous démotiver ni vous laisser freiner par des pensées limitantes. Un mont de Jupiter développé sera le signe d'une grande confiance en soi, d'une capacité à conserver son optimisme et à ne pas se laisser déstabiliser par les épreuves. Un mont plus petit pourra témoigner d'un manque de confiance en soi et en l'avenir.

Le mont de Mars

Généralement, c'est le plus visible sur la paume de votre main, puisqu'il est situé à côté de votre pouce et sous votre ligne de vie. Il touche à votre émotivité et sera relativement marqué chez les personnes passionnées, capables de tout pour aller au bout de leurs objectifs. Il est également le témoin de votre tempérament face aux épreuves et au danger. Ainsi, un mont de Mars développé sera la preuve d'un grand courage, tandis qu'un mont plat pourra témoigner d'une certaine passivité.

Le mont de la Lune

Dans les domaines ésotériques, la Lune a une forte connotation spirituelle, ce qui explique qu'elle témoigne ici de votre ouverture spirituelle et de votre capacité à vous connecter au domaine de l'inconscient. Ce mont se trouve à la naissance de votre main, juste après le poignet, et peut également être signe d'une grande capacité d'imagination et d'un esprit créatif et lunaire.

Lorsque vous souhaitez pratiquer une lecture des lignes de votre main, ne négligez pas l'analyse de vos monts. Ils vous mettront sur la voie et pourront parfois contrebalancer certaines lignes faibles. Avant de passer à la suite, entraînez-vous d'abord à repérer chacun d'entre eux. N'hésitez pas à les toucher, à les sentir, pour vous familiariser avec leurs formes et vous ouvrir au message qu'ils ont à vous transmettre.

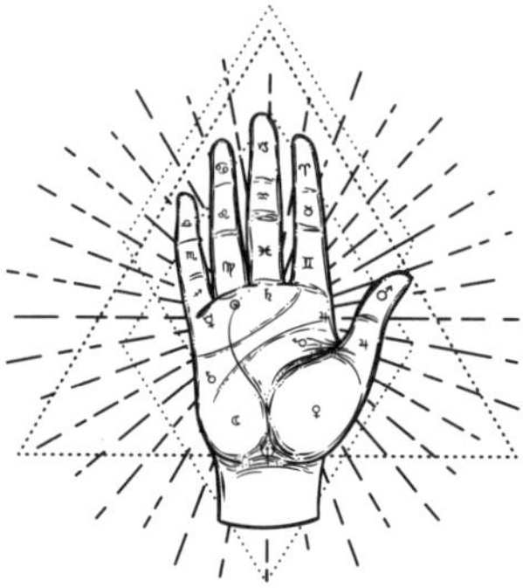

CONNAÎTRE LES DOIGTS DE VOTRE MAIN

Il se peut qu'à la lecture de ce chapitre, vous vous interrogiez : vous êtes certains de connaître les doigts de votre main depuis la maternelle. Pourtant, la chiromancie a de nombreuses choses à vous enseigner sur le sujet, à commencer par le nom de vos doigts, mais aussi leur association spirituelle.

Tout comme pour vos monts, la connaissance de vos doigts est très utile dans la lecture de vos lignes. En effet, l'aspect de ces dernières varie d'une personne à l'autre, si bien qu'il peut être complexe, en particulier pour des débutants, de les discerner. Pour cela, il vous suffit de prêter attention non pas à l'endroit où la ligne commence, mais à l'endroit où elle s'arrête. Peu importe sa nature, chaque ligne s'arrêtera sous un doigt et prendra le nom du doigt vers lequel elle se dirige. Ainsi, si une ligne, en apparence indéterminée, commence au beau milieu de votre main et s'arrête sous le doigt de Mercure, alors il s'agira de la ligne de Mercure.

Afin de vous orienter dans votre analyse, je vous conseille d'établir une liste pour chacun de vos doigts et de schématiser chacune des lignes qui s'y rattachent. Vous pourrez ainsi plus aisément les analyser en vous reportant aux définitions de cet ouvrage. Cette approche vous permettra une lecture plus personnelle, et donc plus juste, des lignes de votre main.

Passons maintenant à la présentation de vos doigts. Ces derniers sont nommés à l'image des planètes, d'après les dieux de la mythologie grecque, en fonction de leur caractéristique dominante.

Le doigt de Vénus

Il correspond au pouce. Il se rapporte à votre corps physique, reflète votre intention et votre pouvoir d'action. S'il n'est pas très espacé des autres doigts, c'est que vous êtes renfermé, à l'inverse, s'il est très détaché, c'est un signe de force d'esprit.

Le doigt de Jupiter

Il s'agit de l'index. Il se rapporte à votre personnalité mentale et est un indicateur de confiance en soi et de morale sociale. Plus il est long, plus ces deux notions seront développées.

Le doigt de Saturne

Il correspond au majeur. Il s'agit du doigt spirituel, qui montre votre ouverture d'esprit mais incarne aussi les règles sociales. Relativement long chez les personnes respectant l'autorité, il sera plus court chez celles et ceux ayant du mal à suivre les règles.

Le doigt d'Apollon

En langage courant, il s'agit de l'annulaire. Aussi appelé doigt du Soleil, il est le reflet de l'image que vous renvoyez aux autres et, par extension, du succès et de la popularité que vous pourriez rencontrer. Il témoigne ainsi de votre charisme, du respect et de l'influence que vous suscitez chez les autres. Ceux qui ont un annulaire court sont ainsi plus réservés, mais parfois, un annulaire long, en comparaison avec la taille des autres doigts, n'est que la compensation d'un manque de confiance. Vous avez probablement déjà remarqué que, parfois, des personnes qui ont l'air infiniment sûres d'elles et se montrent relativement hautaines avec les autres, ne cherchent finalement qu'à compenser un manque d'assurance.

Le doigt de Mercure

Ce dernier doigt correspond à l'auriculaire. Il incarne votre capacité de communication et de compréhension des autres ; une aptitude primordiale à la vie en société, qui fait défaut à nombre d'entre nous. Ainsi, sans surprise, plus il sera court, plus il traduira une tendance à la timidité.

Au-delà de leur symbolique, les doigts nous délivrent des messages très forts sur notre intériorité et notre identité, raison pour laquelle il convient de ne pas se limiter exclusivement à la lecture des lignes de la main, mais bien de les inclure dans l'analyse. Nous aurons l'occasion de revenir plus en détail sur leur rôle karmique, mais essayez dès à présent de retenir leur nom et leur caractéristique principale, vous verrez que celles-ci se recoupent avec les lignes de vos mains.

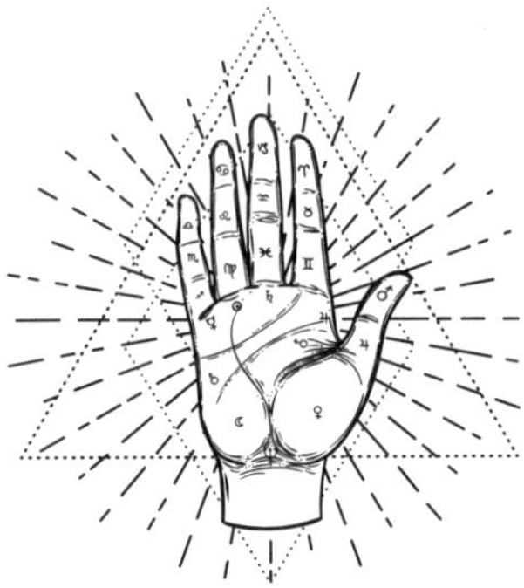

LES LIGNES MAJEURES

Maintenant que vous vous êtes familiarisé avec les différentes parties de votre main et que vous avez pu appréhender les termes techniques, l'heure est venue d'aborder l'étude des lignes de votre main. Il existe deux types de lignes : les lignes principales, très visibles, que tout le monde possède, et les lignes secondaires, qui n'apparaissent que chez certaines personnes et peuvent se renforcer ou s'estomper au cours de leur existence. Les lignes de vie, de cœur et de tête, dont nous allons parler en détail dans ce chapitre, sont les trois principales lignes de la main. Nous les possédons tous, qu'importent notre passé et le chemin que nous avons choisi d'emprunter. En revanche, en fonction de notre morphologie, l'aspect de ces lignes majeures varie d'un individu à l'autre ; certaines seront profondes, d'autres, à peine visibles. Ces divergences n'attestent pas d'une faiblesse ou d'un défaut, mais sont au contraire porteuses de sens et de sagesse. C'est parce que chaque main est différente que la chiromancie est si passionnante.

Avant d'analyser chacune de ces spécificités, la première étape consiste à apprendre à discerner vos trois lignes principales, parmi toutes les autres. Gardez à l'esprit que l'étude d'une ligne seule n'est pas suffisante pour en comprendre le sens profond. Il faut veiller à conserver une vue d'ensemble.

La ligne de vie

La ligne de vie se situe à la base de l'index, passe sous le mont de Vénus et s'achève à la base du poignet. C'est certainement la ligne principale la plus connue, bien que nombreux soient ceux qui s'égarent sur sa signification véritable. En effet, les personnes non initiées à l'art de la chiromancie ont tendance à croire qu'elle seule a le pouvoir de déterminer notre espérance de vie, et cherchent de fait à déterminer l'âge auquel elles vont mourir. Si cela s'apparente à un jeu chez ceux qui n'apportent que peu de crédit à la lecture des lignes de la main, d'autres ressentent une vive inquiétude. Mais rassurez-vous, il s'agit seulement d'une idée reçue. Votre ligne de vie, qu'elle soit longue, courte, nette ou effacée, ne détermine en aucun cas votre espérance de vie ou l'âge auquel vous êtes susceptible de décéder. Il s'agit, en réalité, du reflet de votre vitalité et celui-ci ne constitue en rien une sentence funeste.

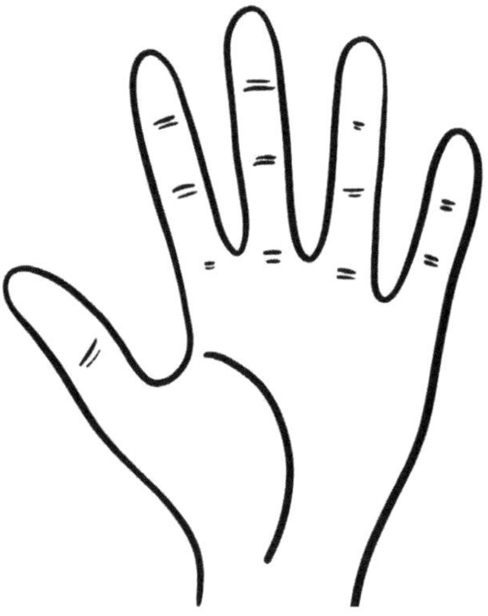

Figure 5 : la ligne de vie

À ce propos, Jean-Jacques Guyot nous rassure : « Il y a beaucoup de mythes qui circulent autour de la chiromancie. Souvent, les gens regardent leur ligne de vie et concluent qu'ils vont vivre longtemps, car leur ligne de vie est longue. D'autres angoissent parce que leur ligne de vie est coupée à plusieurs endroits. La ligne de vie va indiquer la qualité de vie. Si elle est coupée, cela veut simplement dire qu'il y a une réflexion à faire sur la qualité de vie. » Ces idées reçues ont la vie dure, elles persistent à cause d'une méconnaissance du sujet, dont il convient de se débarrasser pour comprendre le réel message délivré par les lignes de notre main et ne pas générer de sources d'anxiété superflues.

Rappelez-vous que votre ligne de vie représente votre énergie, votre dynamisme dans tous les domaines de l'existence – personnel, professionnel ou social – et a donc une incidence sur votre capacité à faire preuve de réactivité, à relever les défis et à atteindre vos objectifs. D'un point de vue comportemental, la ligne de vie permet également de déterminer si vous êtes de nature plutôt extravertie – avec une ligne de vie marquée – ou bien introvertie – avec une ligne de vie effacée. Mais tâchons d'aborder ces différents cas de figure en détail. Une personne avec une ligne de vie courte et peu marquée n'aura pas nécessairement une vie brève, mais sera de constitution un peu moins robuste. Elle aura besoin de plus de repos que les autres, pour se remettre d'une soirée festive ou d'un rhume, par exemple.

Ligne de vie courte ou segmentée

Si la ligne de vie est courte, c'est généralement parce que cette dernière se poursuit de façon invisible à l'œil nu ou se superpose à une autre, comme cela arrive souvent. Dans ce cas, afin de comprendre la signification qui s'en dégage, il convient d'étudier la longueur de la ligne, les endroits où cette dernière bifurque et les autres lignes qu'elle croise, afin de faire une étude globale et complète de leur signification, car le sens ne sera pas le même si votre ligne de vie se mêle à votre ligne de cœur ou de tête.

En effet, si une fragmentation de la ligne indique un bouleversement à venir, un enchevêtrement a, lui, un sens positif. Lorsque la ligne de vie rencontre celle de la destinée, c'est le présage d'un changement de vie positif, comme accepter un nouveau travail ou pouvoir déménager dans la ville de vos rêves. Afin de déterminer la période de votre vie qui est concernée, n'hésitez pas à étudier la délimitation temporelle de votre main, puisque chaque zone de votre paume renvoie à une décennie précise.

Enfin, une ligne de vie courte vous alerte du fait que votre énergie risque de s'atténuer au fil des années, il faut donc veiller à prendre soin de votre corps, à ne pas multiplier les excès et à connaître votre rythme pour ne pas mobiliser trop d'énergie et puiser la force nécessaire. Une fois la trentaine passée, les personnes qui ont une ligne de vie courte s'essouffleront plus vite, auront besoin de davantage de temps pour se remettre de leurs excès (alcool, manque de sommeil...). Une ligne de vie courte n'est pas un signe négatif, mais vous invite simplement à traiter votre corps avec bienveillance et précaution.

Ligne de vie peu marquée

Une ligne de vie considérée comme « faible », c'est-à-dire peu marquée ou peu profonde, est signe d'une faible défense immunitaire, d'un grand besoin de sommeil pour récupérer, ou d'une tendance à tomber plus facilement malade. Si tel est votre cas et que vous ne vous sentez pas l'âme d'un sportif, tâchez d'exploiter d'autres capacités qui seront davantage en lien avec vos atouts.

Ligne de vie profonde

Si votre ligne de vie est profonde, votre énergie l'est également. Vous pouvez mobiliser de nombreuses ressources pour arriver au bout de vos objectifs, vous récupérerez rapidement sur le plan physique et moral après un effort et serez globalement dynamique, actif et en bonne santé. En effet, cette caractéristique se retrouve chez une personne ayant une grande énergie, une corpulence et un métabolisme solides. Ceci vous donne une prédisposition naturelle pour le travail en extérieur et pour la pratique d'une activité physique à haut niveau. N'hésitez donc pas à mettre ces atouts à contribution et à les exploiter. Ainsi, une longue ligne de vie ne signifie pas nécessairement que vous vivrez vieux, mais bien que vous êtes doué d'une grande énergie vitale, comme une véritable force de la nature.

Ligne de vie tortueuse

Contrairement à ce l'on peut être amené à penser, une ligne de vie tortueuse n'est pas synonyme de problèmes de santé, mais d'une prédisposition naturelle au changement. Ces changements peuvent être physiques, bien sûr, mais concerner également votre existence, votre personnalité et vos aspirations. Les personnes ayant une ligne de vie tortueuse n'apprécieront que peu la routine, l'idée de faire du surplace, elles chercheront le renouvellement, l'aventure, l'expérience, et ne seront pas gênées, par exemple, par le fait de déménager ou de commencer un nouveau travail.

Il est également important de tenir compte des symboles qui marquent votre ligne de vie, afin de déterminer la nature des présages que vous transmet cette dernière. Certaines formes, comme les **étoiles** ou les **îles** (voir le schéma qui suit), sont des marques laissées par des traumatismes passés. Si elles se trouvent sur la main de l'avenir, elles peuvent constituer un avertissement, incitant à l'action pour faire face à un problème ou mettre fin à une situation délicate. Sur l'illustration ci-dessous, vous voyez ainsi que les étoiles sont formées d'un enchevêtrement de petites lignes et se réfèrent à une épreuve négative survenue dans votre vie. Une île, quant à elle, se manifeste sous la forme d'une coupure, d'une segmentation temporaire de votre ligne de vie et indique, de façon logique, une rupture dans l'harmonie de votre quotidien. Cela peut survenir à la suite d'un accident, d'une baisse de moral ou d'une épreuve. Mais il arrive parfois que cette rupture soit assumée et volontaire, répondant ainsi à une volonté de changement. Ces ruptures se distinguent des autres, car elles forment une branche à part qui oblique vers le bas.

Chevauchement **Coupure** **Barre** **Étoile** **Île** **Branche** **Croix**

Figure 6 : les différents signes

Après cette première lecture, la seconde étape est d'observer les lignes qui croisent votre ligne de vie. Il arrive en effet que cette dernière progresse seule, mais parfois, elle peut s'enchevêtrer avec d'autres lignes mineures, ce qui aura un impact sur le message délivré.

Croisement avec la ligne de la famille

Située à la base du pouce, la ligne de famille (ou chaîne de famille) peut croiser la ligne de vie. Ceci révèle l'influence de votre cercle familial sur votre existence. Si votre ligne de vie est profonde, vous aurez de grandes attaches avec vos proches et avec la famille que vous construirez dans le futur. Dans le cas où votre ligne de vie est faible, en revanche, cela peut vouloir dire que vous avez des relations conflictuelles avec vos proches, qui puisent dans votre énergie.

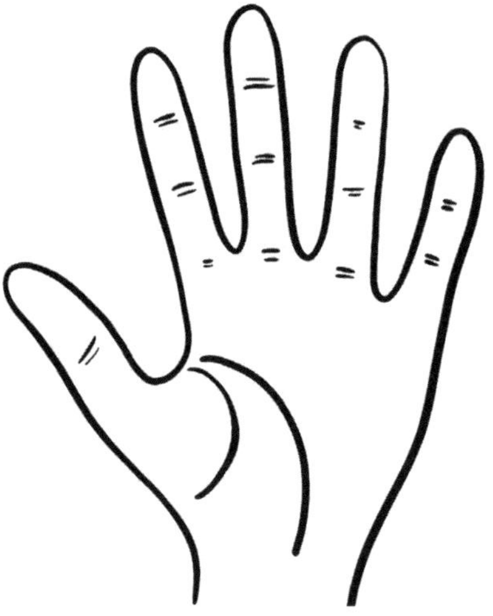

Figure 7 : croisement entre la ligne de vie et la ligne de la famille

Croisement avec la ligne du destin

Le croisement de la ligne de vie avec celle du destin envoie un message positif, puisqu'il est indicateur d'une concordance avec vos désirs et leur réalisation dans votre vie. En ce cas, n'hésitez pas à faire une étude comparative de vos deux paumes, lorsque vous aurez un peu plus d'expérience. Vous verrez ainsi si vous restez en accord avec vos aspirations tout au long de votre vie et vous parviendrez à déterminer le sens de cette évolution.

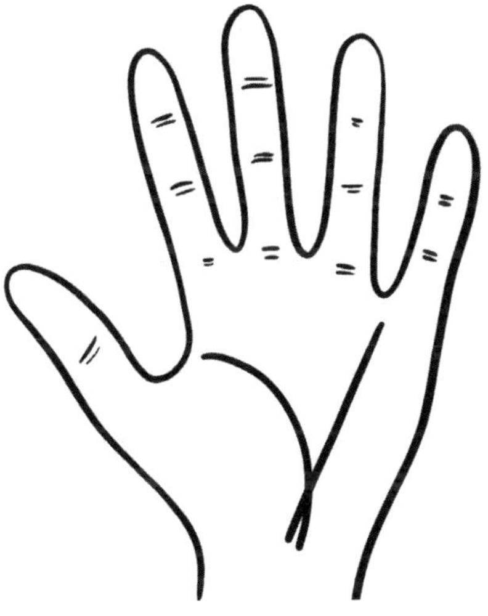

Figure 8 : croisement entre la ligne de vie et la ligne du destin

Croisement avec la ligne de tête

Le croisement avec la ligne de tête témoigne d'une forte intelligence et, plus généralement, d'une capacité à faire appel à cette dernière pour vous guider dans votre vie, sans vous égarer ni jamais faiblir. Ce croisement est également la preuve d'une bonne santé psychique, dans un moment où vous vous sentirez à la fois en accord avec vous-même et maître de vos émotions.

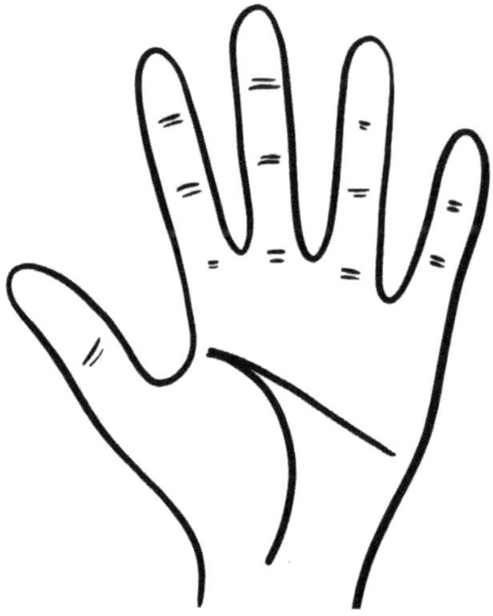

Figure 9 : croisement entre la ligne de vie et la ligne de tête

Enfin, pour lire efficacement votre ligne de vie et comprendre quels sont les bouleversements qui vous attendent, il est important que vous prêtiez attention aux endroits où elle se fractionne. Ces derniers sont indicateurs des moments de votre existence susceptibles d'accueillir un changement, qu'il soit d'ordre familial, professionnel ou personnel. « La ligne de vie parle de la qualité de notre vie et de l'intérêt que l'on y trouve. Elle parle aussi de l'intérêt que l'on trouve dans la vie physique, matérielle », nous dit Antonio Santos. En d'autres termes, si la ligne de vie est un indicateur de vitalité, avoir une ligne de vie relativement effacée peut également témoigner d'un penchant plus cérébral, céleste, que matérialiste. Il existe en effet des personnes qui trouvent un vif plaisir dans l'accumulation de biens, dans la nourriture ou encore la boisson, quand d'autres n'y seront que peu sensibles.

La ligne de tête

Seconde ligne la plus importante, la ligne de tête part du bas de l'index pour se prolonger jusqu'à l'auriculaire. La ligne de tête est liée à vos capacités cérébrales, cognitives, ainsi qu'à l'expression de votre intelligence. Mais sa seule dimension « cérébrale » ne suffit pas à l'interpréter ; ce sont les lignes qu'elle croise qui vont révéler son plein potentiel. En effet, lorsque la ligne de tête se superpose à la ligne de vie, cela révèle l'importance du cadre familial et de l'éducation reçue enfant pour l'individu que vous êtes devenu. En revanche, quand ces deux lignes se détachent, cela manifeste une volonté de prendre de la distance avec le passé, mais aussi avec la culture et les valeurs d'origine. Ainsi, on constate ce genre de formation chez les personnes ayant un fort besoin de liberté et d'indépendance.

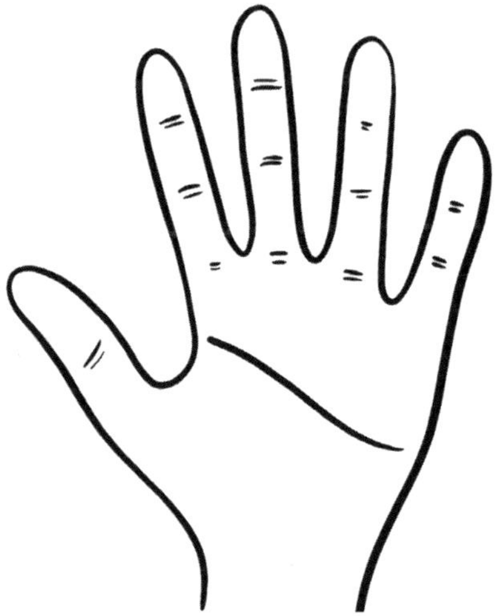

Figure 10 : la ligne de tête

Connaître la symbolique de la ligne de tête est un excellent moyen d'en apprendre davantage sur son fonctionnement, puisque la ligne de tête est influencée par votre état d'esprit et votre perception du monde. Ainsi, elle sera généralement courbée chez les personnes dotées d'une grande intuition ou se laissant guider par leurs émotions et ressentis pour prendre une décision, quand une ligne de tête droite démontrera plutôt un raisonnement logique, cartésien, et la capacité d'analyser les faits ou de prendre un grand temps de réflexion avant d'agir. Or, connaître votre fonctionnement ou l'inclination des personnes qui vous entourent peut vous permettre de comprendre la façon dont vous et vos proches agissez face à un problème, un conflit ou un événement stressant. Si vous savez que vous avez tendance à être trop émotif ou impulsif, et que vous êtes face à une situation demandant de la réflexion et du recul, comme l'investissement dans un bien immobilier, par exemple, tâchez de vous entourer de personnes logiques, à même de vous conseiller.

En d'autres termes, votre ligne de tête reflète votre façon de penser, de percevoir et de ressentir le monde qui vous entoure. Elle est également révélatrice de votre tempérament, de votre façon de penser et de votre type d'intelligence. Autant de notions qui permettent de discerner et d'analyser votre motivation profonde, votre but et les moyens que vous vous donnez pour les atteindre. La ligne de tête livre donc une grande quantité d'informations sur la personne que vous êtes, ou que vous êtes appelé à devenir, raison pour laquelle elle se présente sous de nombreuses formes, selon chaque individu. Sa longueur, à elle seule, est révélatrice des traits saillants de votre comportement. Son orientation témoigne de votre façon de voir le monde, que cette dernière soit positive, négative ou rationnelle. Sa force, elle, révèle l'expression de possibles talents. Ainsi, si la ligne de vie s'attache à retranscrire votre énergie vitale, la ligne de tête est révélatrice de votre état mental.

Ligne de tête marquée

Une ligne de tête marquée est nettement visible sur votre paume et se détache des autres lignes de votre main (à l'inverse de certaines qui sont enchevêtrées). C'est une preuve de fort caractère et d'autonomie, de même que la profondeur de votre ligne, qui va refléter la complexité de votre pensée.

Ligne de tête nette

Une ligne de tête profonde est le symbole d'une pensée logique et rationnelle, d'une capacité évidente à réfléchir et à analyser les choses dans leur ensemble, avec rapidité et justesse. Elle est souvent synonyme d'une bonne capacité de concentration et d'une grande réactivité intellectuelle, ainsi que d'une bonne réceptivité à l'apprentissage, un élément que l'on retrouve chez les chercheurs ou les scientifiques.

Ligne de tête floue

Aussi appelée « faible » ligne de tête, elle ne doit pas vous inquiéter. Cela n'implique pas que vous soyez une personne dotée de moindres capacités intellectuelles, mais révèle simplement un schéma de pensées différent. En effet, une ligne de tête floue se manifeste souvent chez les rêveurs et exprime une forme de créativité, des difficultés à comprendre un raisonnement logique, ou encore une volonté de favoriser les choix du cœur à la seule expression de la rationalité.

Longueur de la ligne

La longueur de votre ligne de tête est révélatrice de votre investissement mental. Plus une personne s'intéressera à des domaines variés, recherchera le savoir et la culture et multipliera les expériences, plus sa ligne de tête sera longue.

À l'inverse, une ligne de tête courte est révélatrice d'un manque d'intérêt et d'ouverture au monde, elle se manifeste souvent chez les personnes ayant du mal à agir ou à prendre des décisions.

Ligne de tête indépendante

Une ligne de tête qui se démarque des autres est le signe d'une grande indépendance et de beaucoup d'autonomie. Les personnes concernées accordent peu d'importance à l'opinion des autres, sont peu ou pas influençables et ne se laissent pas guider par leurs émotions et leurs affects.

Lignc de tête mêlée aux autres lignes

Par opposition, une ligne de tête proche ou mêlée aux autres indique une dépendance qui influe sur votre comportement, votre état d'esprit et votre prise de décision. Si la ligne de vie croise la ligne de tête, c'est que vous avez tendance à manquer de confiance en vous et de réactivité, si elle croise la ligne de cœur, cela révèle une nature émotive. Enfin, une ligne de tête proche d'autres lignes témoigne de l'influence, positive ou négative, de vos proches et de votre sphère familiale.

Vous constatez sans doute déjà que cette ligne de tête a beaucoup plus à vous apprendre que certaines de ses consœurs, par sa seule orientation. Si la courbe qu'elle suit est le reflet de votre état d'esprit, les motifs qui la traversent peuvent être eux aussi annonciateurs d'événements importants.

Branches dans la ligne de tête

Les branches donnent des informations complémentaires à la ligne de tête. Lorsqu'elles sont orientées vers le haut, elles indiquent une réussite, un accomplissement, mais vers le bas, en revanche, elles préfigurent une période de dépression ou de stress. Il est possible de connaître le domaine de votre vie dans lequel ces événements vont se manifester en fonction du doigt vers lequel chacune de ces branches pointe. Vers le majeur, elles concerneront la réussite professionnelle, vers l'auriculaire, la réussite financière et vers l'annulaire, l'épanouissement personnel.

Bien que nous ne puissions pas déterminer avec davantage de précision la nature de ces bouleversements, pouvoir anticiper leur approche permet de s'y préparer, en conservant, par exemple, une attitude positive et réactive, pour saisir des opportunités professionnelles ou financières.

Rupture ou barre

Comme pour les autres lignes, la présence de ruptures ou de barres sur la ligne de tête désigne un obstacle temporaire qui sera représentatif d'une difficulté d'ordre cérébrale, se manifestant sous la forme d'un passage à vide, d'une perte de confiance en soi ou d'une période d'anxiété, dans la sphère privée ou professionnelle.

Nous avons vu que la ligne de tête était révélatrice de la façon de penser, du fonctionnement de l'intellect. En effet, la chiromancie n'a pas pour but de vous placer dans des cases ou de mesurer votre intelligence ou votre créativité, si tant est que cela soit possible, mais bien de vous permettre de mieux vous connaître. C'est en faisant la lumière sur ce que vous êtes, en prenant la mesure de vos atouts et vos faiblesses, en vous ouvrant à votre fonctionnement interne, que vous pouvez devenir à la fois complet et épanoui. Si vous n'avez aucune idée de ce qui vous anime, comment faire éclore les atouts qui sont en sommeil ? Comme disait le philosophe Socrate : « Connais-toi toi-même », cette quête de la connaissance mène à la véritable sagesse.

La ligne de cœur

La ligne de cœur part sous l'auriculaire et traverse horizontalement la paume, pour s'étirer en dessous du majeur ou de l'index, selon les particularités de chacun. Elle est facilement reconnaissable, car il s'agit de la ligne la plus haute sur votre paume, qu'elle traverse parfois de part en part. La ligne de cœur indique l'état de vos relations (amoureuses et amicales), mais aussi de votre capacité d'engagement. Elle retrace vos grandes histoires amoureuses et reflète votre émotivité, comme votre capacité à être fidèle. Mais contrairement à ce que son nom implique, la ligne de cœur ne se limite pas à un simple indicateur de vos relations amoureuses. Elle peut également en révéler beaucoup sur votre capacité d'attachement et votre degré de sensibilité. Autant d'informations qu'il peut être utile de connaître pour éviter de s'engager à cœur perdu dans des histoires sans lendemain ou, à l'inverse, de vous enfermer dans des schémas de relations qui ne vous correspondront pas ou plus.

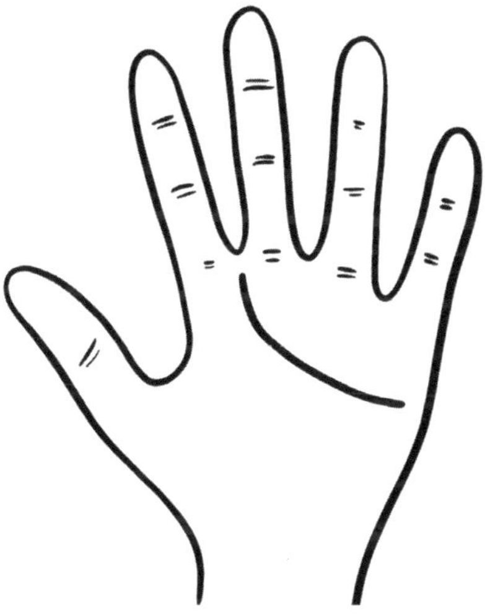

Figure 11 : la ligne de cœur

Pour lire la ligne de cœur, on prêtera attention à sa longueur et à sa netteté. Mais une fois encore, le seul aspect de cette ligne ne suffira pas à délivrer son sens, il est crucial de le mettre en adéquation avec les autres lignes, afin de garder une vision d'ensemble et de comprendre le lien qu'il peut y avoir entre votre cœur et votre esprit, par exemple. Mais nous y reviendrons plus loin, tâchons dans un premier temps d'analyser la forme de votre ligne de cœur.

Ligne de cœur profonde

Une ligne de cœur forte révèle, de façon générale, un tempérament extraverti et ouvert aux autres. Dans le domaine intime, elle est également synonyme d'une grande confiance et d'une assurance dans vos désirs et votre capacité à plaire. Les personnes qui en sont pourvues n'ont ainsi aucune difficulté à assumer leur sexualité, tant dans le domaine privé qu'en société.

Ligne de cœur marquée

À ne pas confondre avec une ligne de cœur profonde, cette caractéristique peut être relevée en comparant votre ligne de vie avec les autres. Si la ligne de cœur est prédominante et plus marquée que ne le sont les autres lignes, c'est alors révélateur d'une forte tendance émotive, allant jusqu'à prévaloir sur votre raison et votre capacité de réflexion, ce qui peut engendrer une certaine impulsivité et un caractère passionné.

Ligne de cœur effacée

Dite aussi « faible », la ligne de cœur effacée, floue ou indécise est caractéristique d'un certain désordre émotionnel. Les personnes qui ont une ligne de cœur effacée seront prédisposées à entretenir des relations amoureuses décousues ou malheureuses, à être réticentes à toute forme d'engagement, voire à être tentées par l'infidélité. Ce n'est pas la conséquence d'un désir de liberté, comme nous avons déjà pu l'évoquer au fil de ces pages, mais cela peut être lié à un manque de confiance en soi, qui peut pousser les personnes en mal d'amour et de reconnaissance à saborder elles-mêmes leurs relations plutôt que de se voir rejetées. Il arrive aussi que ces personnes cherchent constamment à être rassurées à travers le regard des autres, que ce soit par des jeux de séduction, ou par le soutien et l'appui permanent de leur conjoint.

Longueur de la ligne de cœur

La longueur de la ligne de cœur est révélatrice de la nature de vos relations et de votre capacité d'engagement. Plus votre ligne de cœur sera courte, plus vous éprouverez des difficultés à vous engager et à composer avec les impératifs d'une relation longue et suivie, ainsi que les responsabilités et compromis qui en découlent, comme la fidélité, le temps consacré à l'autre, les projets sur le long terme, etc.

Plus votre ligne de cœur sera longue, plus vous aurez tendance à chercher l'engagement sur le long terme, ne vous satisfaisant pas des histoires brèves ou sans lendemain. Vous vous projetterez aisément sur le long terme et serez prêts à manifester des signes d'engagement.

Ligne de cœur se terminant par une fourche

Cette formation très rare est un signe de chance et d'équilibre au sein des relations amoureuses, elle atteste d'une maturité nécessaire dans la gestion des crises qui peuvent survenir, fondée sur une capacité d'écoute et de compréhension de l'autre. Elle symbolise également un équilibre entre les relations passionnées et raisonnées.

Ligne de cœur s'achevant au niveau de l'index

Les personnes ayant cette configuration sont connues pour être de nature perfectionniste, ce qui se traduit par une haute exigence dans la vie amoureuse. Vous ne supportez pas les « peut-être » et l'à-peu-près. Vous souhaitez le meilleur, tant de la part de votre partenaire que de vous-même. Cela vous conduit à vous investir énormément, mais à attendre également beaucoup de l'autre, ce qui peut être source de déception ou de pression. Malgré tout, ce sens de l'exigence et cette entièreté s'accompagnent d'une loyauté à toute épreuve. Lorsque vous choisissez de vous engager, ce n'est jamais à la légère. Vous savez ce que vous voulez et vous êtes prêt à œuvrer pour que la relation fonctionne.

Ligne de cœur s'achevant entre l'index et le majeur

Cette configuration témoigne d'un tempérament ouvert et affectueux, c'est l'une des plus répandues. Elle se retrouve chez les personnes sentimentales et émotives, qui éprouvent une vive affection pour leurs proches et s'attachent rapidement à ceux qui partagent leur vie. Si c'est votre cas, vous êtes certainement quelqu'un d'entouré et d'affectueux, qui supporte mal la distance et la solitude. Vous ne rechignez pas à exprimer des signes d'affections et cherchez toujours à passer du temps avec vos proches plutôt que seul.

La longueur et l'aspect de la ligne de cœur vous en apprennent beaucoup sur votre capacité à aimer et à être aimé. Mais l'orientation de cette ligne a également son importance, puisqu'elle vous dévoile la nature de vos penchants affectifs et de vos motivations au sein de vos relations charnelles ou amoureuses.

Ligne de cœur incurvée

Les personnes avec cette configuration auront généralement une forte appétence sexuelle, favorisant les relations charnelles. Portées par un tempérament sanguin, elles ne pourront se satisfaire des relations platoniques et auront besoin d'une relation passionnée sur tous les plans, qu'ils soient intellectuels ou physiques. Cette quête de sensation peut les conduire à privilégier des histoires passionnelles et à mal supporter la routine et l'habitude.

Ligne de cœur rectiligne

Une ligne de cœur rectiligne témoignera d'une approche de la sexualité plus réservée, plus pudique, ce qui se manifestera par davantage de retenue dans les relations amoureuses. Ces personnes ne s'engageront pas sans réfléchir et auront du mal à se dévoiler, tant sur le plan sexuel qu'émotionnel, préférant prendre le temps de connaître l'autre afin d'éviter les déconvenues.

Ligne de cœur s'achevant vers le bas

Cette caractéristique se retrouve chez des personnes qui ont du mal à révéler leurs sentiments, refusent de s'engager ou ne parviennent pas à s'attacher. Elles ont la réputation d'être assez fermées émotionnellement et peuvent sembler austères, quand on ne prend pas le temps de les connaître.

Ligne de cœur bifurquant vers le haut

Cette ligne montante est le signe que vous vous attachez parfois trop facilement, vous aimez avec passion et vous vous ouvrez aisément aux autres, sans forcément chercher de réciprocité. Mais au-delà de ce caractère enflammé, l'orientation de votre ligne montre que, pour vous, les affaires de cœur occupent une place primordiale. Aussi, vous ne parviendrez pas à vous sentir pleinement épanoui sans une relation amoureuse, et ce, même si vous êtes bien entouré et effectuez un travail qui vous plaît. Les personnes ayant cette caractéristique sont souvent tentées de faire prévaloir le cœur sur le reste, qu'il s'agisse de leur vie amoureuse ou professionnelle.

Particularités de la personnalité simienne

Chez certaines personnes, les lignes de cœur et de tête se superposent pour n'en former qu'une seule, qu'on nomme ligne simienne. Cette particularité témoigne d'une personnalité entière, d'une grande capacité de concentration, de désirs très intenses et constants, tout au long de la vie, ce qui est le cas des gens passionnés comme les artistes ou les grands aventuriers, par exemple.

Ligne de cœur croisant d'autres lignes principales

Lorsque ligne de cœur et ligne de tête s'enchevêtrent, c'est le signe que vos émotions dominent souvent vos actions, ce qui n'est pas nécessairement une mauvaise chose, mais peut vous amener à être très entier dans vos relations amoureuses, à vivre les choses pleinement, quitte à en souffrir. À l'inverse, si votre ligne reste rectiligne et n'en croise aucune, c'est que vous êtes capable d'intellectualiser vos émotions, que vous aimez avec retenue et que vous êtes capable de prendre du recul pour analyser une situation amoureuse. Vous n'aurez ainsi aucun mal à mettre fin à une histoire s'il apparaît que son prolongement est voué à l'échec.

Il n'y a pas de bon ou de mauvais profil, simplement une tendance naturelle qu'il vous faut connaître et comprendre, afin de trouver le juste équilibre dans vos relations, qu'elles soient sociales ou amoureuses, puisque la capacité d'attachement ne se limite pas aux relations amoureuses et touche plus globalement tous les rapports aux autres. « La ligne de cœur nous permet de savoir comment on aime, la qualité de nos émotions, mais aussi nos expériences liées au cœur », conclut Antonio Santos à ce sujet. S'il est important de connaître sa ligne de cœur, c'est parce que cette dernière, comme les autres lignes majeures, n'évolue que peu au cours de votre vie, elle révèle sans fard ce que vous êtes, comme un miroir de vos aspirations et de vos désirs profonds. Elle touche à ce qui est inavoué. Or, l'inavoué ne concerne pas seulement ce que vous taisez aux autres, mais également ce que vous ignorez de vous-même. Une lacune qu'il convient de combler, car la méconnaissance de votre personne est souvent responsable de la frustration et du mécontentement dans les relations que vous entretenez avec les autres. En vous connaissant intimement, sans honte et sans détour, vous êtes davantage à même de répondre à vos désirs et d'agir en accord avec votre conscience.

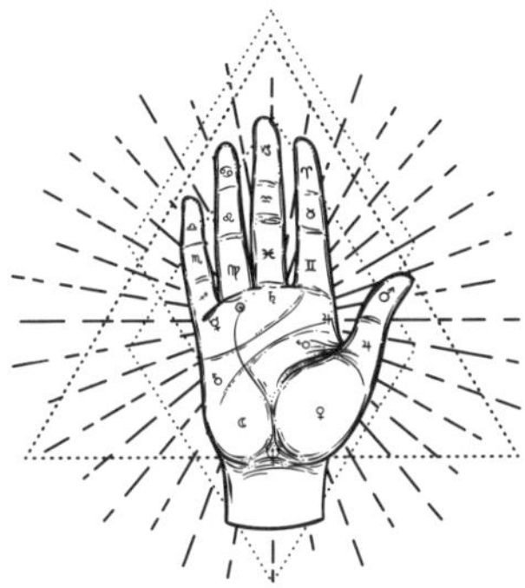

LES LIGNES SECONDAIRES OU MINEURES

Chacune de vos mains est constituée de cinq doigts, sept monts et trois lignes principales. Autour d'elles gravitent quantité de lignes secondaires, qui louvoient dans vos paumes au fil du temps et des épreuves. Certaines d'entre elles, riches de sens, se démarquent.

Les lignes principales que sont celles de vie, de tête et de cœur se forment généralement lorsque vous êtes encore à l'état de fœtus. Elles font partie de vos caractéristiques acquises et sont peu amenées à évoluer, comme nous l'avons déjà évoqué. En revanche, vos lignes mineures ou secondaires, elles, restent beaucoup plus souples et témoignent de votre évolution. Elles sont la trace des épreuves que vous traversez, comme de vos réussites. C'est la raison pour laquelle il en existe un si grand nombre, qu'il serait difficile de présenter de façon exhaustive. Néanmoins, grâce à cet ouvrage, vous serez capable de procéder à votre propre lecture de façon autonome. Pour cela, nous aborderons dans une prochaine partie la question de la lecture de vos doigts. Vous verrez à cette occasion que de nombreuses lignes secondaires partent de vos monts pour rejoindre vos doigts, pas toujours faciles à détecter. Ainsi, ne vous découragez pas si vous ne parvenez pas à les percevoir à la première approche, c'est une question d'entraînement et de compréhension.

Pour analyser les lignes secondaires, la pratique est la même que pour les lignes principales : observation de leur aspect, de leur orientation, des autres lignes qu'elles croisent… Prêtez toujours attention au sens qui se dégage de leur nom, car celui-ci peut se révéler trompeur. La signification de la ligne du succès, par exemple, ne se borne pas à la réussite financière. Le succès peut également signifier l'épanouissement, la réussite de vos projets ou le fait de se consacrer à vos passions. Sa notion dépendra d'objectifs qui vous sont propres. La notion de succès implique aussi celle d'équilibre, d'accord avec soi.

Ainsi, les lignes secondaires et principales ne se différencient pas uniquement par ce à quoi elles se rapportent, mais aussi par la conclusion que l'on pourra tirer de la lecture. Lire vos lignes principales vous apportera une meilleure connaissance de vous-même, de votre force, de votre caractère et de vos aspirations. En d'autres termes, de votre essence et de ce qui fait votre singularité. En interprétant les lignes secondaires, vous pourrez prendre conscience du chemin que vous avez parcouru et du travail que vous avez fait sur vous-même, puisqu'il s'agit de lignes conscientes, mouvantes. Pour vous aider à les distinguer, voici d'abord les principales.

La ligne du destin et la ligne de chance

À l'inverse des autres, la ligne de la destinée n'est pas horizontale, mais verticale, puisqu'elle traverse votre paume de part en part. Elle part toujours de la base du poignet et s'oriente ensuite vers l'annulaire, le majeur ou l'index, en fonction des inclinations de votre existence. En revanche, elle n'est pas visible chez tous de la même manière. Chez les personnes d'un naturel chanceux, elle sera ainsi très nette. À l'inverse, les personnes malchanceuses ou éprouvées par la vie auront une ligne légère, voire invisible.

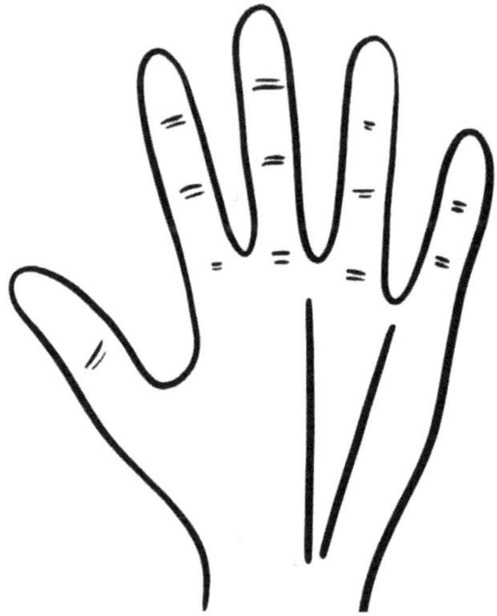

Figure 12 : ligne du destin et ligne de chance

Selon les pratiques et les enseignements, la ligne du destin peut être affiliée à la ligne de chance. En ce cas, cette ligne sera un indicateur non pas des incidents qui bouleversent votre vie, mais du « capital chance » dont vous disposez vis-à-vis de certains événements, défini par une part d'aléatoire, comme le tirage d'une tombola ou les résultats d'un jeu de dés. Pour d'autres chiromanciens, la ligne de la destinée symbolisera spécifiquement votre environnement professionnel et social.

En dépit de ces deux significations différentes, vos compétences et la façon dont vous les déployez dans votre vie sont également associées à la ligne de vie. La ligne du destin a, comme la ligne de tête, de nombreuses zones d'influences, ce qui explique qu'elle adopte parfois des formes irrégulières ou segmentées, qui ne sont en rien symptomatiques d'une faiblesse ou d'une défaillance. En effet, bien qu'elle traverse généralement votre paume, partant de vos premières phalanges jusqu'au milieu de votre poignet, son aspect varie fortement d'un individu à l'autre et ne se réduit pas à un simple trait continu, puisque ce dernier est influencé par un grand nombre de paramètres que nous allons voir ensemble.

Ligne du destin nette

Rares sont ceux qui disposent d'une ligne nette et profonde. Si tel est votre cas, c'est que vous êtes poussé par une force et une motivation exceptionnelle, qui agit comme un moteur, tant dans votre vie personnelle que professionnelle. Cette énergie vous permet d'atteindre vos objectifs, de mener à bien de grands projets et de vous épanouir dans de nombreux secteurs d'activité. Dans le domaine artistique, vous jouissez ainsi d'une grande imagination et faites preuve de beaucoup de productivité, dans le domaine professionnel, *leadership* et force d'esprit sont vos principaux atouts. Du reste, vous tâchez de prendre en main votre existence, savez faire preuve d'initiative et prenez les décisions qui s'imposent. Vous n'êtes pas du genre à vivre au fil de l'eau ou à attendre qu'une solution survienne d'elle-même. Gare au stress et au surmenage, car, malgré tout, il y aura toujours des choses impossibles à contrôler.

Ligne du destin faible

Dans la majorité des cas, la ligne de destinée reste fragmentaire et effacée, ce qui s'explique par le fait que cette dernière évolue au fil du temps ; selon vos choix, votre vision de l'avenir ou le degré de contrôle de votre vie. Certains se satisfont du lâcher-prise et apprécient de ne pas s'encombrer du poids des responsabilités, d'autres travaillent à être plus prévoyants concernant l'avenir, mais n'ont pas encore tous les outils pour prendre leur vie en main.

Naissance de branches dans la ligne du destin

Les branches issues de la ligne du destin qui s'orientent vers l'auriculaire peuvent annoncer une réussite financière, celles allant vers l'annulaire seront signe de bonheur et de chance, tandis que celles se dirigeant vers l'index préfigurent la réussite sociale.

Rupture dans la ligne du destin

Une rupture est annonciatrice d'une difficulté, d'un événement qu'il faudra affronter et qui, souvent, nous mettra à l'épreuve. On comprend mieux, dès lors, pourquoi de nombreuses lignes sont entrecoupées. Les épreuves ne manquent pas dans l'existence, bien qu'il y ait, par chance, des moyens d'y faire face et de ne pas se laisser submerger. La ligne du destin est révélatrice de deux modes de vie distincts, l'un basé sur le contrôle et la maîtrise de soi, l'autre sur le fait de vivre au jour le jour. Selon les périodes de votre vie, vous oscillez tantôt vers un bord, tantôt vers l'autre, mais vous serez parfois bousculé par des événements et des impondérables de l'existence, qui se manifesteront sous la forme de ruptures ou de symboles sur votre ligne du destin.

Notons que la perception des lignes de chance et du destin a évolué, au fil des âges. Depuis l'émergence de l'idée de libre arbitre et le recul de celle de fatalité, la notion de destinée a connu un certain recul. De nos jours, on considère souvent que les choix de chacun influencent l'orientation de la vie. Cette évolution des mentalités a modifié la vision commune de la ligne du destin, qui est souvent rebaptisée ligne de chance et confondue avec cette dernière. Ainsi, on n'interprète plus ces lignes comme un présage dont il est impossible de se libérer, mais davantage comme le révélateur de certains aspects de notre fonctionnement, de notre identité.

La ligne d'Apollon

La ligne d'Apollon, aussi connue sous le nom de ligne du Soleil, fait partie des lignes mineures qui ne se retrouvent pas partout. Elle se manifeste chez les personnes dotées d'un talent artistique ou d'une sensibilité à l'art, ce qui explique qu'elle porte le nom du dieu grec des arts, des chants et de la musique. Lorsqu'elle est présente, elle se trouve sous l'annulaire. Sa longueur est un indicateur fort du taux de satisfaction que vous retirez de l'existence, que ce soit à travers la pratique des arts ou encore par la capacité de jouir des petits bonheurs du quotidien, auxquels d'autres personnes ne prêteraient pas attention. Bien qu'elle soit, à l'origine, un signe de bonne fortune, il ne faut pas pour autant la confondre avec la ligne du destin, dont elle ne partage pas le sens. Pour analyser cette ligne, il est essentiel de bien prêter attention à ses caractéristiques, en prenant en considération ses croisements avec les autres lignes.

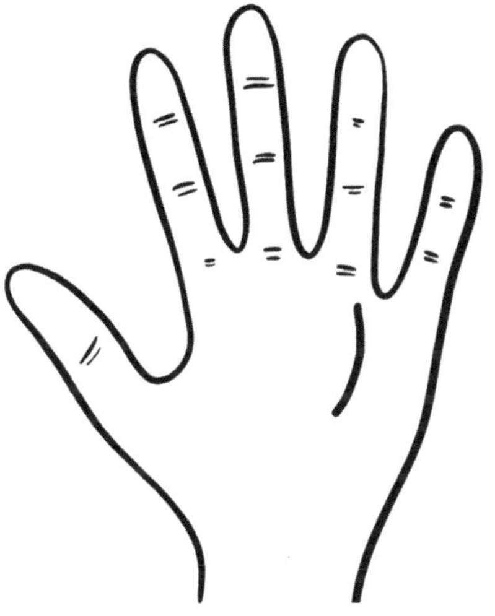

Figure 13 : la ligne d'Apollon

Ligne d'Apollon marquée

Une ligne d'Apollon forte témoigne d'une sensibilité à l'art et s'accompagne d'un tempérament charismatique et joyeux. On la retrouve ainsi chez des personnes à l'aise en société, dégageant une énergie forte et positive. Si vous constatez la présence de cette ligne, c'est certainement que vous avez des facultés artistiques qu'il serait dommage de laisser se faner.

Ligne d'Apollon se scindant en plusieurs autres lignes

Cette caractéristique porte le nom de « formation en faisceaux » et témoigne d'une prédisposition à l'art plus forte encore que dans le cas d'une ligne d'Apollon marquée. Vous aurez ainsi des facilités d'apprentissage dans autant de domaines qu'il existe de faisceaux, ces derniers pouvant avoir trait à l'art, la musique, l'écriture, ou vous conférer des talents d'orateur.

Ligne d'Apollon effacée

L'absence de ligne d'Apollon ne vous caractérise pas non plus comme quelqu'un d'inconsistant ou incapable d'exceller dans les domaines artistiques. Elle signifie simplement qu'il vous faut plus de temps et de persévérance pour progresser dans les pratiques artistiques.

Dans certains cas, elle est également le signe que vous ne parvenez pas à vous réjouir de vos activités ou à trouver de l'épanouissement dans ce que vous faites. Toutefois, cela n'implique pas que vous soyez condamné à l'éternelle insatisfaction, mais qu'il vous faut travailler sur votre capacité à voir le positif et à jouir de ce qui est en votre possession.

Ligne d'Apollon segmentée

Comme dans le cas des lignes primaires, une ligne segmentée indique que vous allez rencontrer une difficulté particulière ou, du moins, un changement, une remise en question. Il peut s'agir d'un moment de doute, d'une remise en question créative ou d'un changement dans la pratique de votre art.

Notez enfin que ce présage n'est pas forcément négatif, mais doit être pris dans le sens du bouleversement, de l'évolution. Si la forme et l'orientation de la lignc d'Apollon permettent la mise en exergue d'une sensibilité artistique, elles ne suffisent pas à réaliser une lecture complète. Il arrive en effet que des motifs distinctifs apparaissent par le croisement de certaines lignes. Si ces formes sont parfois hasardeuses, d'autres revêtent un sens particulier, selon leur nature et leur emplacement.

Ainsi, deux formes typiques peuvent apparaître sur la ligne d'Apollon.

- **L'étoile :** elle est, dans la chiromancie, signe de changement ou de difficulté. Mais lorsqu'elle se forme sur la ligne d'Apollon, elle est investie d'un sens très positif, symbole de chance et de réussite. Elle peut ainsi désigner un moment de votre vie où vous rencontrerez le succès, qu'il soit artistique, professionnel ou financier.

- **Les îles** : à l'inverse, la présence d'une ou de plusieurs îles atteste d'un passage à vide, d'une perte d'énergie, tant dans le domaine matériel (avec des difficultés financières ou professionnelles, par exemple), qu'intellectuel (périodes de stress, de remise en question ou de déprime).

La ligne de Mercure

La ligne de Mercure est l'une des lignes les moins visibles à l'œil nu, ce qui explique qu'elle soit rarement lue et étudiée.

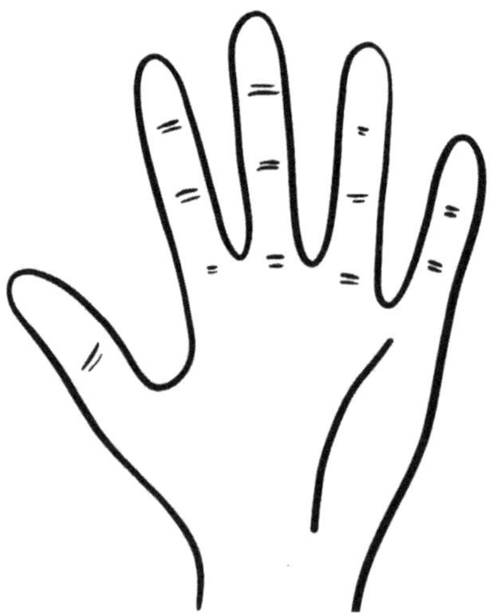

Figure 13 : la ligne de Mercure

Elle incarne à la fois votre voix intérieure et votre ouverture spirituelle. Plus votre sensibilité spirituelle est grande, plus cette ligne se renforce. Guettez son évolution lorsque vous travaillez à dialoguer avec vous-même et à vous ouvrir à vos émotions. Elle se manifeste à la base de la main et se prolonge ensuite en direction de l'auriculaire. Elle reflète votre capacité à conserver votre calme lorsqu'elle est profonde ou, à l'inverse, à faire preuve d'anxiété et de nervosité, lorsqu'elle est faible.

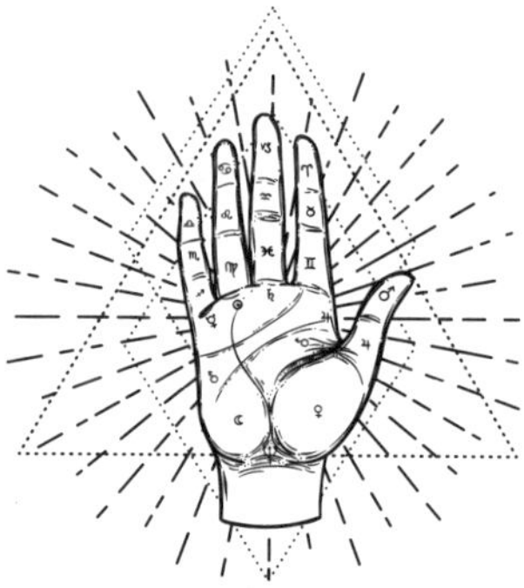

CE QUE VOUS APPREND LA LECTURE DE VOS DEUX MAINS

Lorsque vous apprenez à faire du piano, vous commencez par jouer avec une main, puis l'autre, avant d'apprendre à utiliser les deux ensemble. Le processus est le même pour l'initiation à la chiromancie. S'il peut être tentant de feuilleter le sommaire pour voguer d'un chapitre à l'autre, au gré de vos envies, tâchez de ne pas brûler les étapes, afin que votre analyse soit la plus affinée et pertinente possible.

Nous avons étudié les principales lignes de la main et nous nous sommes familiarisés avec le vocabulaire technique, nous pouvons désormais envisager d'approfondir notre lecture. En vous présentant les lignes principales et secondaires, nous évoquions le fait que, pour conserver leur sens véritable, ces dernières ne devaient pas être étudiées individuellement, mais au sein d'un ensemble, car c'est ensemble qu'elles évoluent. Lorsque vous rencontrez une difficulté, comme une rupture, un changement de carrière ou une dépression, elle entre en résonance avec toutes les facettes de votre existence. Elle n'affecte pas uniquement votre travail ou votre vie personnelle, elle vous touche de façon globale.

De même, vos lignes ne sont pas hermétiques. Elles communiquent et évoluent ensemble, certaines grandissent pour contrebalancer des lignes faibles, quand d'autres s'estompent. Vous ne pouvez, en tant qu'individu, être réduit à votre travail, à la qualité de vos relations amoureuses, ou à votre façon de penser. Vous êtes la somme de tous ces paramètres, passés et futurs, raison pour laquelle il est primordial de procéder à une lecture complète de vos deux mains. D'ailleurs, les chiromanciens professionnels ne s'en tiennent pas à une seule lecture de la main gauche ou droite, mais les étudient ensemble. C'est un exercice complexe et dense, qu'il vous faudra sans doute effectuer à plusieurs reprises avant de le maîtriser.

Afin de ne pas nous égarer, voici la marche à suivre.

- Commencez par serrer vos mains, l'une contre l'autre, paumes vers le ciel, afin que vos lignes se rejoignent.

Faites en sorte que vos deux mains soient alignées au mieux.

- Observez vos lignes, la façon dont elles se rejoignent, leur aspect général. Prenez une feuille et un crayon et notez les observations suivantes : s'effacent-elles d'une main sur l'autre ? Sont-elles, au contraire, plus marquées ? S'achèvent-elles brusquement ou apparaissent-elles en pointillé ? Sont-elles parfaitement alignées ? Bifurquent-elles ? Et si oui, dans quelle direction ?

Tous ces éléments sont primordiaux pour notre analyse. Cela peut paraître conséquent, voire un peu complexe, mais pas d'inquiétude, nous allons les aborder dans le détail et dans l'ordre, afin de ne pas nous égarer et de ne rien omettre. Avant de passer à la partie suivante, prenez bien le temps d'observer vos mains à la lumière et de noter, pour chaque ligne principale, son aspect, son orientation, ainsi que ses particularités, pour chacune des deux mains. Pour cette analyse comparative, nous nous focaliserons sur la ligne de cœur, qui est à la fois commune à chacun d'entre nous, mais également la plus intéressante à étudier.

Ligne de cœur droite plus haute que celle de la gauche

Contrairement à ce que cela peut laisser penser, ce décalage n'est pas synonyme de relations amoureuses chaotiques, mais bien d'une volonté de trouver des partenaires qui sont différents de vous. Cela se manifeste souvent par la différence d'âge (notamment chez des personnes recherchant des partenaires plus vieux, dans l'espoir que ceux-ci soient plus matures et moins réticents à s'engager), mais également par la carrière, les passions, l'engagement politique, qui apporte un exotisme et un enrichissement du quotidien. En d'autres termes, cela peut être la manifestation d'un désir d'expérimentation, d'une volonté de sortir des sentiers battus, mais peut aussi constituer une marque d'indépendance affective, qui se retrouve chez les personnes ne redoutant pas de tracer leur propre voie.

Lignes de cœur alignées

Dans le cas où les lignes de cœur de vos deux mains se joignent parfaitement et gardent le même alignement, cela signifie que vous êtes quelqu'un de droit, de stable, qui ne trouve que peu de satisfaction dans les relations sans lendemain et préfère construire quelque chose sur le long terme. Vous n'appréciez que peu le changement et vous n'avez pas peur de l'engagement, ce qui fait de vous un ou une partenaire fidèle. Cette entièreté dans vos relations s'accompagne d'un grand sens de la générosité et de l'écoute. Vous savez comprendre la personne qui partage votre vie et appréhender vos problèmes de couple de façon calme et sereine, sans que cela dégénère. Même si vous avez un certain sens du romantisme, vous préférez une relation longue et épanouie, que certains qualifieraient « d'ordinaire », à une histoire courte et enflammée.

Ligne de cœur gauche plus haute que celle de la droite

Les personnes dans ce cas de figure mettent souvent plus de temps que les autres à s'engager dans une relation, que ce soit sur la durée ou par le biais du mariage. Cette tendance peut être la conséquence d'un désir d'indépendance, d'une peur intrinsèque de l'engagement, ou bien d'une réticence ou d'un refus de placer l'amour et les relations au centre de leur existence. Elles trouvent le bonheur et l'épanouissement dans d'autres domaines, comme la réussite financière, professionnelle, l'expression d'une passion, les voyages ou encore la poursuite d'une voie religieuse.

« La chirologie va nous permettre de lire les deux mains, de les comparer, pour ensuite lire la troisième main, qui est en quelque sorte le produit fini. La main gauche, c'est l'intelligence émotionnelle, la main droite, l'intelligence rationnelle, puisqu'elles sont branchées sur les deux hémisphères du cerveau et la troisième main est le produit des deux », nous explique Jean-Jacques Guyot. Ainsi, en comparant les lignes de vos deux mains – seul ou avec l'aide d'un spécialiste – vous pouvez déterminer quelle sera votre évolution. Avez-vous exploité tous vos potentiels ? Avez-vous abandonné certains dons pour en développer d'autres ? Cette comparaison permet de faire le bilan de sa vie et de ce que l'on est devenu.

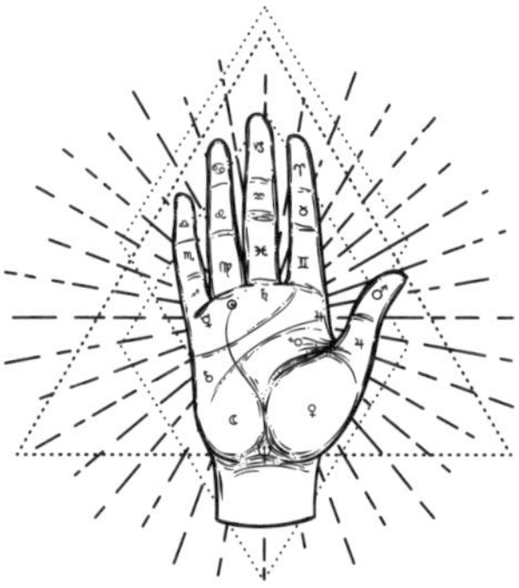

LES LIGNES DU POIGNET

Bien que cet ouvrage traite essentiellement des lignes de la main, il est possible d'étendre et de développer un peu votre lecture. En effet, en Chine, l'un des berceaux de la chiromancie, les praticiens ne se limitent pas exclusivement à la lecture des lignes de la main, mais étudient également les autres lignes du corps, telles que les lignes du poignet ou encore des bras, lorsque ces dernières sont visibles. En tirer des enseignements ne relève pas du hasard ou de l'à-peu-près, et demande de s'appuyer sur l'étude de leurs caractéristiques. Comme pour les lignes de la main, on y retrouve la ligne de vie, mais également les lignes de relation et de réussite, qui offrent un autre éclairage sur votre personnalité.

La ligne de vie

Il s'agit de la ligne supérieure, située à la base de votre main. Elle est généralement la plus marquée, car la plus lourde de sens. Elle se réfère à votre santé et, plus globalement, à votre vitalité, témoignant de votre énergie et de vos capacités physiques. Comme pour vos lignes de main, elle peut ainsi prévenir l'apparition de certaines maladies, attester d'un état de fatigue ou d'une faiblesse musculaire passagère.

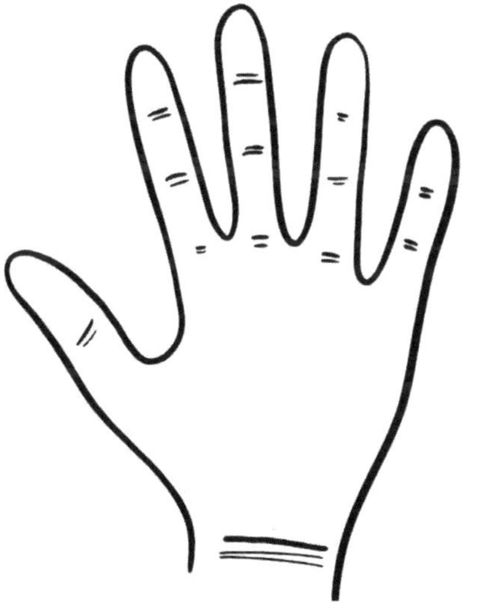

Figure 14 : la ligne de vie (poignet)

Ligne de vie continue

C'est le signe d'une hygiène de vie correcte, passant par une alimentation saine et variée, une quantité de sommeil suffisante, l'absence de substances addictives comme l'alcool ou la cigarette, et d'une bonne santé.

Ligne de vie effacée

Elle est souvent la conséquence d'un excès de nourriture, d'un manque d'activité ou de troubles du sommeil. Pas d'inquiétude, cela n'a rien d'irrémédiable et de dramatique, mais ce signe doit malgré tout attirer votre attention et vous amener à vous poser les bonnes questions. Mangez-vous suffisamment de fruits, de légumes ? Avez-vous des carences alimentaires ? Avez-vous une alimentation trop grasse ? Dormez-vous assez ? Pratiquez-vous une activité sportive régulière ? Si votre corps tire la sonnette d'alarme, inutile de culpabiliser ou de paniquer, restez à l'écoute et agissez en conséquence. Vous en avez encore le temps et les moyens.

Ligne de vie brisée

Si votre ligne est brisée en un ou plusieurs endroits, ou marquée par des ponts ou des étoiles, alors c'est certainement le signe d'événements irrésolus, qui ont entraîné une cassure, un manque dans votre existence. Cela peut être dû à une opportunité professionnelle manquée, à une relation amoureuse qui n'a pas abouti ou à la perte d'un être cher... autant d'épreuves que vous avez rencontrées ou rencontrerez un jour. Cette ligne témoigne de ces manques passés ou à venir, et constitue une source d'enseignements à ne pas négliger. Car si l'on ne peut rien contre la mort ou le passage du temps, rappelez-vous qu'il existe toujours des chemins de traverse. Ce rêve, cette occasion amoureuse manquée attendent sans doute encore que vous les saisissiez. La seule assurance d'échouer, c'est de ne pas essayer.

La ligne de la réussite

Celle-ci concerne votre capacité à agir et, par extension, à aller au bout de vos objectifs, que ces derniers relèvent du domaine financier, professionnel ou personnel.

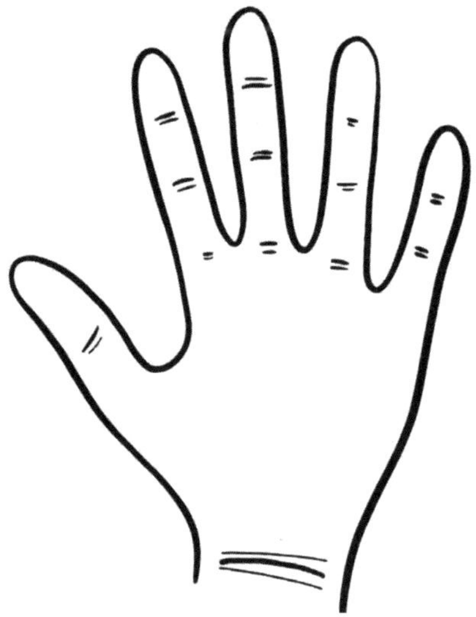

Figure 15 : la ligne de réussite

Ligne de la réussite forte

Une ligne forte – ou continue – est signe d'harmonie. Vous n'hésitez pas à entreprendre le nécessaire pour arriver au bout de vos objectifs, à faire preuve d'initiative et à donner de votre temps et de votre personne. Plus votre ligne est longue et nette, plus elle atteste de votre capacité à réussir sur le long terme. Gardez cependant à l'esprit que toutes les réussites ne sont pas aisées et évidentes, certaines demanderont peut-être des années d'investissement, de nombreux sacrifices et beaucoup d'efforts de votre part. Cela ne signifie pas qu'il n'y aura pas d'échecs ni d'erreurs, mais que ceux-ci ne vous arrêteront pas pour autant.

Ligne de la réussite segmentée

Les ponts ou les cassures qui brisent votre ligne peuvent annoncer des difficultés, généralement d'ordre financier ou professionnel. Pour autant, ces difficultés ne sont synonymes d'échec définitif que pour ceux qui ne persévéreront pas. Pour les autres, elles peuvent également, dans un registre plus positif, symboliser un changement, comme un nouveau travail, une reconversion, ou encore un déménagement dans un autre pays.

Ligne de la réussite effacée

Une ligne effacée peut vouloir dire que vous laissez passer trop d'opportunités et n'osez pas agir pour atteindre vos objectifs et pour améliorer votre vie. Vous manquez de courage, de confiance en vous ou de motivation pour prendre les problèmes à bras-le-corps, et vous avez souvent tendance à procrastiner, voire à refuser des propositions – personnelles ou professionnelles – par peur d'échouer. L'important est d'en prendre conscience, afin de pouvoir y travailler et retrouver votre capacité d'action.

Pour cela, tâchez de définir la raison expliquant cette attitude. Vous pouvez vous tourner vers la lecture de livres de développement personnel, chercher des méthodes pour être plus efficace ou productif ou vous entourer de professionnels comme des coachs de vie.

La ligne des relations

Si nous possédons tous des lignes relatives à notre vitalité et à notre capacité d'action, la ligne des relations, inhérente aux rapports humains, est plus capricieuse. En effet, elle sera relativement marquée chez certains, mais effacée, voire inexistante, chez un grand nombre d'individus.

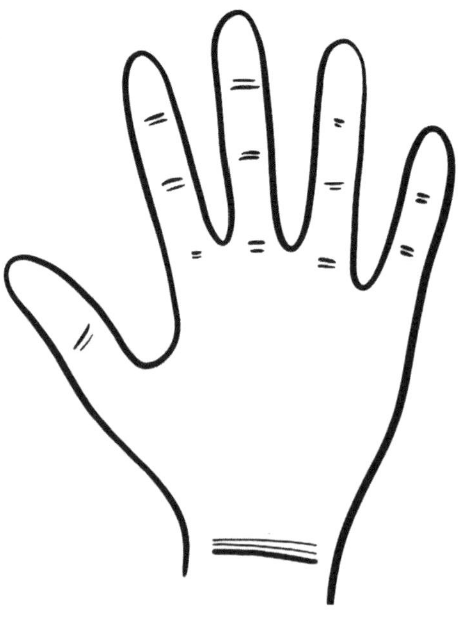

Figure 16 : la ligne des relations

Contrairement à ce que son nom laisse entendre, elle n'est pas le reflet de votre vie sociale, mais bien de l'influence que vous avez sur vos pairs. Cette nuance est importante, car vous pouvez compter un grand nombre d'amis et ne pas avoir d'influence sur eux ou, à l'inverse, ne connaître que peu de personnes et avoir pourtant un rôle clé dans la vie de l'une d'elles.

Ligne des relations faible

Une ligne faible ou absente ne signifie pas que vous êtes transparent aux yeux des autres, mais peut vouloir dire que vous vous gardez d'interférer dans la vie et les jugements de votre entourage, soit parce que vous les jugez maîtres de leurs propres choix, soit parce que vous ne vous sentez pas légitime à les conseiller.

Ligne des relations forte

De même, la présence d'une ligne n'est pas forcément positive, tout dépend de la nature de votre influence. Si vous agissez comme un exemple inspirant et motivant pour vos proches, si vous êtes une source de soutien, alors ce signe sera positif. À l'inverse, si vous faites de l'ingérence dans leur existence, ne respectez pas leurs décisions et les manipulez, la présence de cette ligne doit vous amener à une remise en question. Mais avant que vous ne scrutiez votre poignet avec angoisse, rappelez-vous que le rôle de cette ligne est de vous amener à vous questionner sur la place et l'influence que vous occupez auprès de vos proches.

La ligne de l'exception

Cette dernière ligne est également la plus rare, ce qui explique qu'elle soit peu prise en compte dans les études de chiromancie courantes et qu'il existe peu de ressources à son sujet. Cette quatrième ligne, bien plus basse que les autres, apparaît en biais entre le poignet et l'avant-bras. Dans la chiromancie ancienne, elle était affiliée à la chance, à la destinée. Ainsi, il était dit que sa présence attestait d'une vie longue et heureuse, donnant lieu à la naissance de plusieurs enfants. La chiromancie actuelle s'étant détachée, pour la plupart de ses adeptes, des notions de destinée et de chance, cette ligne représente aujourd'hui une particularité, une exception soulignant la qualité d'un individu, telle que l'oreille parfaite chez le musicien, qui peut rejaillir dans son domaine professionnel ou au sein de ses passions. Si vous faites partie des rares à la posséder, il est possible que vous soyez détenteurs d'une singularité qui ne demande qu'à s'épanouir.

Nous avons vu qu'il existe des lignes majeures et des lignes mineures. Les lignes majeures sont respectivement les lignes de vie, de cœur et de tête. Les lignes mineures, quant à elles, changent de taille et de signification selon les individus. Il existe ainsi une infinité de possibilités qu'il ne faut pas négliger. En effet, chaque individu, en fonction de sa naissance, des épreuves qui jalonnent sa vie et de ses choix, possède des lignes dont le sens, la courbe et la profondeur lui sont propres. En fonction de la rareté de leur apparition et de la façon dont elles évoluent, les lignes dites « singulières » revêtent un sens très fort.

Ces particularités expliquent notamment que l'art de la chiromancie soit si complexe, puisqu'aucune main n'est semblable à une autre. Il est donc fort probable qu'au cours de votre observation, vous peiniez d'abord à reconnaître chaque ligne ou à identifier le sens de certaines. Il importe donc de ne pas brûler les étapes, de bien prendre l'habitude de déceler les lignes majeures et de comprendre leur signification, avant de passer à des niveaux d'analyse plus profonds.

SAVOIR LIRE LES LIGNES

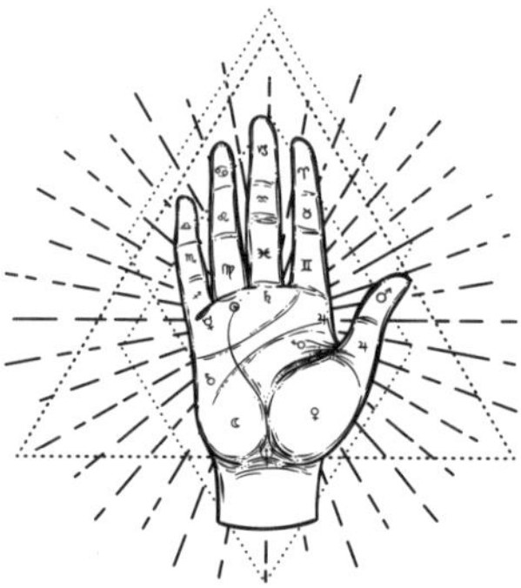

QUELQUES OUTILS POUR VOTRE PRATIQUE

Ne vous alarmez pas si votre main – ou celle que vous lirez – ne correspond pas exactement aux schémas et illustrations présents dans cet ouvrage. En effet, par souci de clarté, ces derniers s'attachent à donner une vue générale, ce qui les rend parfois parcellaires. Veillez à ne pas vous éparpiller, à relever les lignes majeures, puis mineures et, enfin, à noter celles qui vous semblent constituer une caractéristique personnelle. Pour ce faire, n'hésitez pas à utiliser des stylos de couleurs différentes pour dessiner directement sur votre main ou pour reproduire vos lignes les plus saillantes sur une feuille de papier. Enfin, pour vous aider à n'en négliger aucune, vous pouvez avoir recours à la technique de l'empreinte : elle consiste à encrer entièrement votre main et à prendre son empreinte sur une feuille de papier blanche, pour pouvoir l'étudier au calme. Cette méthode est d'ailleurs particulièrement pratique pour comparer vos deux mains sans bouger, avec plus de précision, ou en superposant les deux images pour ne négliger aucun détail. Enfin, notez que prendre l'empreinte ou la photographie des lignes de votre main sur un support fixe est essentiel afin de suivre l'évolution des lignes mineures. Car comme nous l'avons vu, si les lignes majeures sont souvent déterminées à l'avance et n'évoluent pas ou peu, les lignes mineures, elles, peuvent se mouvoir en réponse aux variations de vos caractéristiques, aux événements qui ponctuent votre vie et aux choix qui jalonnent votre existence. Ainsi, pour une étude plus suivie, n'hésitez pas à conserver l'historique daté des lignes de votre main. Cela vous permettra de vous perfectionner dans votre pratique, mais aussi – et c'est là tout l'enjeu – de nourrir une vision d'ensemble sur votre potentiel en tant qu'individu.

Cette approche vous permettra de dresser un véritable portrait interne et spirituel de votre personne ; un bilan utile pour prendre un nouveau départ, suivre de bonnes résolutions ou mener une vie qui vous ressemble davantage. Nous avons beau passer des heures chaque semaine devant notre miroir, nous tentons toujours de renvoyer un reflet qui n'est pas le nôtre et échouons souvent à nous regarder en face. La chiromancie vous oblige à vous confronter à vous-même, à vous comprendre et à prendre connaissance des manquements et des épreuves qui jalonnent vos vies.

Durant votre lecture, demandez-vous toujours si vous exploitez bien les atouts qui sont les vôtres, si vous prenez soin de vous, si vous négligez vos histoires de cœur ou vos relations avec les autres ou, à l'inverse, si vous pouvez noter une évolution positive dans votre vie. Autant d'indications qui vont vous permettre, une fois que vous maîtrisez bien leur interprétation, de dresser un bilan. On comprend mieux, dès lors, le rôle que peut jouer la chiromancie dans notre épanouissement et notre développement personnel.

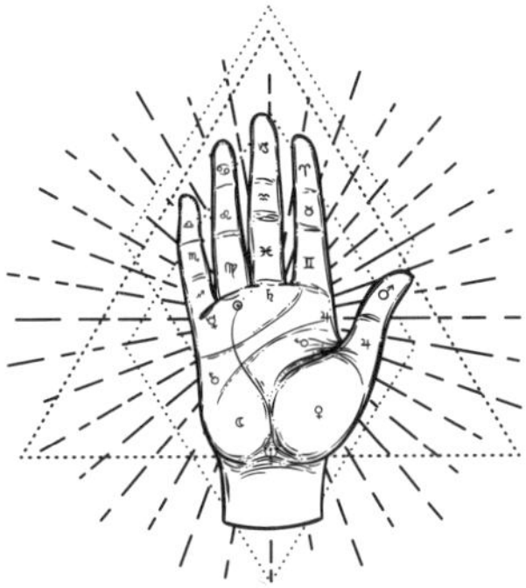

QUELQUES IDÉES REÇUES : LE CAS DES SIGNES DE RICHESSE

Il nous faut désormais parler plus en détail des symboles qui peuvent apparaître à l'intersection des lignes de votre main. Ces signes particuliers sont à l'origine de nombreuses croyances et idées reçues, que nous allons tâcher de déconstruire pour comprendre leur sens véritable. Le plus connu d'entre eux est certainement le symbole de l'argent, qui serait la manifestation, au creux de nos paumes, d'une grande richesse et d'un succès futur. Ce signe est complexe, car il n'est pas facile à percevoir et souvent confondu avec d'autres.

Commencez par observer le doigt du Soleil, votre annulaire qui, en chiromancie, est le doigt de la chance et du succès. En dessous de celui-ci, vous trouverez la ligne de chance, généralement assez courte, que nous avons déjà évoquée plus haut. Par « chance », on entend plus spécifiquement la notion de succès dans le domaine professionnel, financier et amoureux. Certains auront ainsi une ligne marquée, quand d'autres en seront dépourvus. Mais sa seule présence ne suffit pas à déterminer vos prédispositions au succès, encore faut-il interpréter les signes qui la traversent.

Avant de commencer l'analyse, rappelons que, bien souvent, un amalgame est fait entre les notions de succès, de chance et de richesse. Il existe, en effet, des signes de richesse qui peuvent apparaître sur vos lignes et être annonciateurs de fortune ; c'est d'ailleurs de ces derniers que nous allons parler plus bas. Mais la fortune n'est pas la seule marque de réussite. Il y a de nombreuses façons d'être heureux et épanoui sans amasser de l'argent et il existe de nombreux exemples de personnes riches, souffrant de lassitude et de solitude, incapables de saisir la valeur d'un instant de joie et d'apaisement. Enfin, il faut également prendre en considération le fait qu'il n'existe pas une seule façon d'obtenir la richesse. Cette dernière peut être durable ou passagère, soudaine ou le fruit d'un long labeur, méritée ou non. Voici ce que les signes de la main nous enseignent à ce propos.

Une étoile

Elle est formée d'un croisement de plusieurs lignes, un peu comme celles que vous dessiniez sur vos cahiers étant enfant. Plus il y a de branches, plus le signe est fort. L'apparition de l'étoile peut être le signe temporaire que vous allez gagner beaucoup d'argent, peu importe sa localisation sur la ligne.

Le poisson

Il s'agit de l'un des signes d'argent les plus évocateurs et les plus puissants, ce qui ne le rend pas pour autant facile à percevoir. En effet, ce dernier se manifeste de façon discrète. Pour l'identifier, il faut d'abord étudier le contexte de son apparition. Un poisson peut apparaître à divers endroits de votre main et suivre différents cours d'eau. S'il se trouve au bas de votre paume, la tête vers le haut, c'est un signe que vous amasserez des richesses au fur et à mesure de l'existence. À l'inverse, lorsqu'il est vers le bas, c'est l'indicateur d'une rentrée d'argent immédiate, mais qui ne perdurera pas forcément, soit parce qu'elle ne sera pas régulière, soit parce qu'elle sera vite dépensée.

Une ligne courbe partant du mont de Mars jusqu'au doigt du Soleil

Cette ligne annonce un revenu conséquent, obtenu sans effort, comme un gain à la loterie, un héritage ou une rente immobilière. En d'autres termes, une rentrée d'argent passive, à différencier de votre revenu, qui est la résultante de votre travail. Pour certains chiromanciens, cette ligne est l'expression d'une prédisposition à la chance. Pour d'autres, qui considèrent que la chance n'existe pas, elle n'est que la conséquence du karma et se manifeste en récompense d'une bonne action réalisée dans une vie antérieure, de laquelle vous n'auriez alors pas tiré parti. Cet argent facile vous sera donc donné en réparation d'une injustice karmique.

Une ligne de Saturne marquée

Aussi appelée ligne du destin, cette ligne, dont nous avons déjà parlé, peut également être annonciatrice de richesse. Lorsqu'elle est bien formée, elle suit sa course en parallèle à la ligne de vie, traverse la ligne de cœur et vient toucher la ligne de tête. Dans ce cas, le croisement de ces lignes forme un M sur votre paume, signe que vous avez trouvé un parfait équilibre entre votre façon d'aimer, votre mentalité et le rythme de votre vie. Cet équilibre dans tous les domaines de notre existence est rare, ce qui explique que ce signe soit si recherché. En soi, avoir une ligne de Saturne marquée ne signifie pas nécessairement que l'on va gagner de l'argent, mais atteste d'un bon équilibre, y compris au niveau financier.

La ligne de Mercure

Nous avons vu précédemment que cette ligne reflétait l'ouverture spirituelle et la maîtrise de soi. Mais elle apporte également des informations sur votre santé financière. Il n'y a, à première vue, aucun lien entre la richesse et l'état nerveux ; pourtant, ce dernier affecte indirectement tous les domaines de notre vie. En effet, si vous êtes anxieux, votre sommeil, votre humeur, votre capacité de concentration vont pâtir et, par ricochet, votre efficacité au travail sera altérée. À l'inverse, quand cette ligne reste continue et croise la ligne de tête, elle est annonciatrice de succès.

Formation d'un triangle

La formation d'un triangle s'obtient grâce à une petite ligne qui va rejoindre la ligne de tête et la ligne de Saturne. Ce signe très net de richesse indique que vous serez en mesure d'exploiter au mieux vos capacités mentales et professionnelles pour en tirer un bénéfice financier, par l'obtention d'un bon salaire ou grâce à un placement juteux.

Ligne de Saturne montante qui se segmente

Une ligne de Saturne qui se segmente à son extrémité montante est le signe d'une activité lucrative, qui va amener une grande quantité d'argent sur le long terme. Par extension, cela renvoie également à la réussite professionnelle, due à l'investissement de vos atouts et à votre capacité à vous élever au sein de votre travail.

Présence d'un « grain de riz » sur votre pouce

Il s'agit d'une courbe parfaite qui apparaît sur les deux phalanges de votre pouce, évoquant un grain de riz. Ce dernier renvoie à votre capacité à respecter votre parole et vos engagements et, par extension, à être capable d'agir et de vous investir pour mener à bien vos projets professionnels et, ainsi, gagner de l'argent.

Lignes sortant du doigt du Soleil

Ces caractéristiques sont très discrètes. Pour les percevoir, il vous faudra sans doute observer vos paumes en pleine lumière et ne pas hésiter à bouger vos doigts afin d'en faire apparaître les plis. Lorsque deux lignes minces et courtes sortent de la base du doigt du soleil, ce signe aussi rare que discret est annonciateur d'une rentrée d'argent prochaine, par le biais d'un héritage généreux.

Enfin, rappelez-vous que la ligne seule ne suffit pas à une interprétation complète, il est important de prendre en considération la forme de vos monts, de vos paumes, mais également la longueur de vos doigts. Il est donc conseillé, durant les premières analyses, de ne pas hésiter à prendre des notes, afin de ne rien omettre. Par la force de l'habitude, ces diverses définitions deviendront logiques pour vous, à condition de pratiquer régulièrement, car comme le précise le chiromancien Antonio Santos : « C'est le mariage de toutes les lignes qui nous donne l'information. Une ligne peut harmoniser et rééquilibrer l'autre. »

CE QUE LA CHIROMANCIE DIT DE VOUS ET DE VOTRE SANTÉ

L'étude des lignes de vos mains met en lumière votre intériorité, en vous permettant d'appréhender votre façon de penser, de percevoir le monde, de vous lier aux autres, mais aussi en en révélant beaucoup sur vos aspirations et talents profonds. Pour autant, les lignes de la main ne sont pas les uniques supports de lecture : les mains, par leur simple aspect, peuvent révéler beaucoup. Des mains de forgeron, de guitariste ou de chirurgien ne se ressemblent pas. Elles donnent aux personnes suffisamment observatrices des indices sur les activités et le métier de leur propriétaire. Mais elles sont également capables de révéler bien davantage, comme son tempérament, ses capacités d'expression ou son état de santé. Il est vrai que nous parlons bien plus souvent, dans le domaine de la chiromancie, des lignes de la main, plutôt que des mains en elles-mêmes. Pourtant, si vous vous rendez chez un chiromancien, ce dernier ne commencera pas directement par lire vos paumes. Il observera vos mains avec minutie avant d'orienter son analyse.

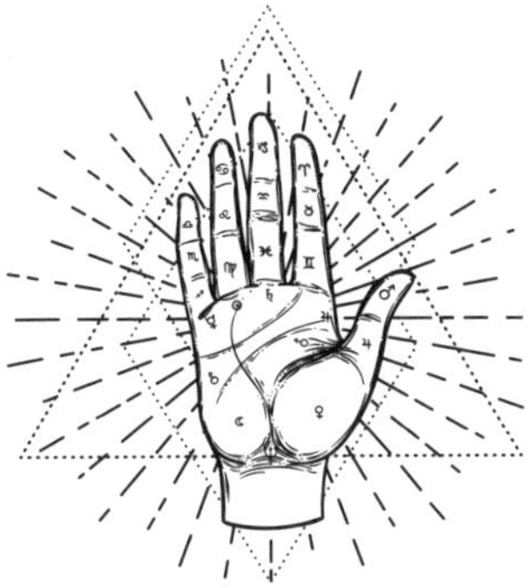

CE QUE VOS MAINS RÉVÈLENT DE VOUS

La parole n'est pas la seule source d'expression dont vous disposez ni l'unique indicateur de vos émotions. Le langage corporel constitue un outil de communication beaucoup plus fiable et révèle vos émotions profondes. En effet, s'il peut être relativement aisé de mentir, d'enjoliver la vérité ou de passer certaines choses sous silence, il est beaucoup plus difficile de modifier ou altérer nos expressions physiques, puisque ces dernières sont instinctives. Ainsi, les personnes qui savent lire et analyser les expressions corporelles, comme les mentalistes, sont capables de déterminer si leur interlocuteur s'exprime avec sincérité, si le chagrin qu'il manifeste est authentique ou si son sourire est de façade. Cette aptitude est utile pour déjouer les faux-semblants, faire tomber les masques et savoir rapidement à quel type de personne on s'adresse. Elle est même essentielle lorsqu'il s'agit de pouvoir parler avec confiance ou d'entamer une négociation, dans le cadre d'un contrat, par exemple. Bien souvent, lorsqu'on parle de communication non verbale, on prête attention aux yeux de notre interlocuteur, au timbre de sa voix, à ses micro-expressions, au mouvement de sa bouche ou de ses sourcils… en oubliant une autre partie essentielle du corps : les mains.

Votre capacité d'expression

Vous avez sans doute pu constater que certaines personnes parlent véritablement avec les mains, quand d'autres conservent une attitude figée. Cet élément est déjà révélateur de la façon dont votre interlocuteur communique et peut ainsi témoigner d'un état d'exaltation ou de nervosité.

- **Lorsqu'une personne s'exprime avec les mains,** cela peut révéler une nature extravertie. C'est également le signe que le sujet dont elle parle insuffle en elle une forte émotion, comme la colère ou l'enthousiasme. Un passionné parlant avec ferveur de son art aura tendance à ponctuer son propos de ses mains. À l'inverse, cela peut aussi être le signe d'un manque de confiance en soi ou d'une certaine fébrilité. Une personne mal à l'aise pourra également se tordre les mains, ou les serrer l'une contre l'autre, pour évacuer un sentiment de gêne. C'est une posture que l'on retrouve beaucoup lors de certaines présentations ou réunions professionnelles. Toucher frénétiquement une partie de son corps ou de son environnement proche signifie également que l'on cherche à détourner notre attention du sujet de notre angoisse, généralement lorsque l'on s'exprime devant un public ou que l'on se confie sur un sujet intime et douloureux.

- **Parler avec les mains peut témoigner, dans certains cas, d'une particularité culturelle.** Cette habitude est, par exemple, plus marquée dans le Sud de la France.
- **Ne pas agiter les mains peut indiquer une parfaite maîtrise de ses émotions.** Un orateur assuré aura un bon contrôle de sa gestuelle et de ses mains, dont il pourra se servir pour appuyer son propos, sans détourner l'attention de ses interlocuteurs ni trahir ses émotions.

Mais la gestuelle n'est pas le seul élément dont il faut tenir compte, puisque l'aspect de vos mains, de vos ongles et de vos doigts saura, lui aussi, en révéler beaucoup sur vous.

Votre tempérament et votre nervosité

Poursuivons notre analyse avec votre paume qui, à elle seule, est déjà porteuse de nombreuses informations sur votre santé et votre nervosité.

- **Paumes moites :** la transpiration dans les paumes témoigne d'un soudain état de stress ou de nervosité face à un interlocuteur qui vous trouble ou dans une situation durant laquelle vous êtes mal à l'aise. Il ne s'agit cependant pas uniquement d'une expression émotionnelle, puisqu'une sudation excessive sans cause externe apparente peut témoigner d'une maladie thyroïdienne ou être un effet de la ménopause chez les femmes.
- **Mains rouges :** les rougeurs sur les paumes, aussi appelées érythèmes palmaires, peuvent apparaître en réaction à une maladie du foie ou à un traitement médicamenteux. Ces signes ne doivent vous alarmer que s'ils sont associés à d'autres symptômes. En cas de doute, si les rougeurs persistent, il convient de consulter votre médecin.

Les paumes ne sont pas les seules à pouvoir attirer votre attention sur des problèmes de santé, puisque dans le domaine médical, l'aspect et la santé de nos ongles sont pris en considération pour établir des diagnostics. Tout un pan de la chiromancie contemporaine s'est ainsi spécialisé sur l'anticipation et la prévention de problèmes de santé, par l'étude de nos mains.

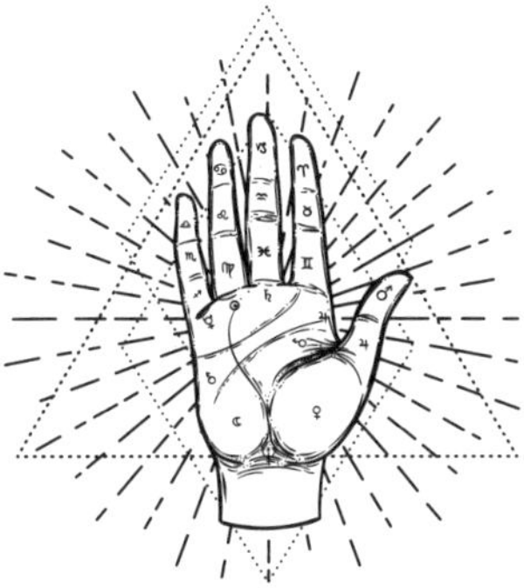

CE QUE VOS DOIGTS RÉVÈLENT DE VOUS

Bien que nous consacrions une grande partie de cet ouvrage à la lecture des lignes de votre main, ces dernières ne sont pas les seules indicatrices de votre état d'esprit, de votre personnalité et des événements pouvant ponctuer votre vie. La main tout entière est le miroir de votre existence et il convient donc de ne pas en oublier les principaux acteurs : les doigts. Ils sont les alliés du quotidien, utiles pour réaliser les actions les plus prosaïques comme les plus précises. Vous y faites appel dans votre métier, votre savoir-faire, dans la réalisation d'une activité artistique ou d'une passion. Mais au-delà de cette utilité motrice, les doigts sont également une grande source d'information, qu'il convient de comprendre et d'analyser. Vous connaissez bien sûr les empreintes digitales, propres à chaque individu, qui permettent de différencier avec certitude une personne d'une autre. S'il est toujours fascinant de prendre la mesure de leur caractère unique, adoptant près de sept milliards de formes différentes, elles ne sont pas les seules informations clés que transmettent vos doigts. Nous allons donc mener une étude comparative des doigts de la main, en prenant en considération leur taille, les lignes qui les traversent, leur écartement et leur aspect général.

Comparaison des doigts d'Apollon et de Jupiter

Pour débuter, vous pouvez commencer par comparer la taille de votre doigt d'Apollon (annulaire) et de votre doigt de Jupiter (index). Ces derniers ne sont pas choisis au hasard, puisqu'ils sont respectivement liés au rapport aux autres et à la confiance en soi et en l'existence.

Ce que révèle un doigt d'Apollon plus long que celui de Jupiter

- Les femmes avec un index plus court que l'annulaire seront généralement plus sensibles et plus exposées à l'arthrose dans les dernières années de leur vie.
- Il est apparu que les hommes dont l'index est plus long que l'annulaire seraient moins exposés à certains

types de cancer comme le cancer de la prostate[2], ce qui ne doit pour autant pas vous empêcher d'être vigilant sur votre santé et de prendre soin de vous.

Ce que révèle la taille du doigt de Jupiter par rapport à celle du doigt d'Apollon

Il apparaît que la taille de votre index par rapport à celle de votre annulaire est révélatrice de votre capacité à contrôler votre agressivité ou, à l'inverse, à la laisser rejaillir. Ainsi, chez les hommes aussi bien que chez les femmes, plus l'index sera court par rapport à l'annulaire, plus grande sera la tendance à faire preuve de colère et d'agressivité dans les moments de tensions et de stress.

> *Note : la bague de Salomon est une ligne qui entoure la base de notre doigt de Jupiter. Elle atteste, chez les personnes qui en sont pourvues, d'un grand sens de la justice et des responsabilités, ce qui peut nous donner des indications sur leurs valeurs morales ou sur le domaine dans lequel ils exercent.*

2. Anne Jeanblanc, « La taille de l'index marquerait le risque de cancer de la prostate », *Le Point*, 8 janvier 2011.

Petit doigt, mais grand message

Familièrement appelé le « petit doigt », l'auriculaire ou doigt de Mercure est le reflet de vos relations aux autres. Pour l'étudier, il faut comparer sa taille par rapport à celle des autres doigts. Serrez-le contre votre doigt d'Apollon et prenez le temps de les observer, vous vous reconnaîtrez un de ces trois cas de figure.

Votre auriculaire est inférieur à l'articulation supérieure de votre annulaire

Vous êtes réticent au changement et appréciez peu l'inconnu, ce qui explique que la routine ne vous pose aucun souci. D'un naturel gentil, il n'est pas dans vos habitudes de vous montrer orgueilleux ou rancunier. Vous pardonnez parfois trop facilement aux autres et préférez garder pour vous vos problèmes plutôt que de fâcher votre entourage. Sur le plan de la santé, ce cas de figure peut vous prédisposer à des troubles digestifs.

Votre auriculaire arrive au niveau de l'articulation supérieure de votre annulaire

De nature plutôt introvertie, vous parvenez à vous ouvrir une fois les présentations faites et êtes plus vite en confiance avec les membres de votre entourage et vos amis proches. Cette distance que vous instaurez entre les inconnus, hors du cercle de confiance, peut vous donner la réputation de quelqu'un de distant, prenant les gens de haut, alors qu'il s'agit en réalité d'un moyen de protection.

Votre auriculaire dépasse l'articulation supérieure de votre annulaire

Vous êtes d'un tempérament passionné que ce soit dans vos rapports aux autres ou dans vos relations amoureuses. Vous n'hésitez pas à tout faire pour atteindre vos objectifs et à prendre les devants, sans vous laisser déstabiliser par les éventuelles sources de pression extérieure.

Ce que le doigt de Vénus révèle de votre état d'esprit et de votre santé

La taille importante du pouce en fait le doigt le plus facile à lire. Son analyse se décline entre l'étude de son aspect, de sa position vis-à-vis des autres doigts et la lecture des lignes qui le traversent. Un pouce en « bonne santé » est un pouce à l'apparence ordinaire, relativement long, plus large que les autres doigts et doué d'une certaine force. Mais il peut adopter quantité de formes différentes.

Pouce court

Il se retrouve chez les personnes de nature effacée, ayant peu ou pas confiance en elles et doutant de leurs capacités, qui préféreront ainsi rester dans l'ombre, ne pas faire de bruit et douteront de leurs décisions.

Pouce long

Un pouce long est un signe de *leadership* et se retrouve chez les personnes qui aiment prendre des décisions, avoir le contrôle de leur vie, diriger des équipes et ne laissent que peu de place au hasard. Elles sont également capables de faire preuve d'initiative.

Un pouce « obtus »

Un pouce obtus est un pouce marqué d'un angle droit à sa base ou à son extrémité. Contrairement à ce que cela sous-entend, ce n'est pas le signe d'une étroitesse d'esprit, mais bien d'un tempérament calme, propice à la réflexion, à l'analyse et à la prise de recul.

Un pouce « sablier »

Cette appellation définit les pouces dont la première phalange est mince et la seconde plus large, rappelant ainsi la forme d'un sablier. Elle se retrouve chez les personnes ayant un tempérament chaleureux, qui n'éprouvent pas de difficulté à s'ouvrir à leur entourage et à faire preuve de compréhension.

La forme de votre pouce est ainsi révélatrice de votre tempérament et fournit des informations essentielles, notamment dans le monde du travail, où il est important de mettre en avant ses capacités de meneur ou de renforcer sa confiance en soi, afin de progresser et de ne pas laisser les autres abuser de votre générosité. Pour poursuivre cette analyse, tendez maintenant votre pouce et, à l'aide de votre autre main, repliez son extrémité (il s'agit du bout et non de la phalange tout entière). Y parvenez-vous ?

Votre pouce reste droit

Un pouce que l'on ne parvient pas à plier, dans un sens ou dans l'autre, est généralement le reflet d'une personnalité inflexible, fidèle à ses principes et à ses convictions, qui se laisse difficilement manipuler. Ce caractère droit se répercute aussi sur d'autres domaines, puisque les personnes avec un pouce droit ont généralement un contrôle total de leurs objectifs, qu'ils soient personnels ou professionnels, ou de leurs finances, ce qui explique qu'elles soient réticentes au changement et à l'imprévu. Ce tempérament peut être source de force et de réussite, à condition d'accepter que certaines choses ne dépendent pas uniquement de notre volonté.

Votre pouce est pliable

Un pouce dont on arrive à fléchir l'extrémité est, à l'inverse, la caractéristique d'une personne flexible, qui va se satisfaire de vivre au jour le jour, ne va pas tout planifier et saura s'adapter aux changements et aux impondérables de la vie. Cela en fait une personne facile à vivre, bien qu'ayant parfois du mal à nourrir une vision à long terme et à anticiper les difficultés.

Que vous soyez dans l'un ou l'autre de ces cas de figure, retenez qu'il n'existe pas de mauvais tempérament, mais que tout est question d'équilibre. Afin de l'illustrer, je partage avec vous l'étude de mes propres pouces.

Le pouce de ma main gauche, la main du passé, est plus flexible que celui de la droite, bien que les deux aient conservé la même forme. Cela s'explique par le fait que, dans l'enfance, j'étais beaucoup plus permissive que je ne le suis aujourd'hui. J'acceptais sans sourciller les autres et leurs défauts, bien que cela se traduise par une grande naïveté et une gentillesse qui ont pu se retourner contre moi. Malgré tout, je parvenais toujours à faire face aux nombreuses difficultés qui se présentaient à moi, malgré mon jeune âge, poussée par l'optimisme de l'enfance. Avec le temps, j'ai gagné en assurance, mais aussi en exigence, et ne tolère plus certaines situations ou attitudes. Cela m'a permis de m'affirmer, mais cela m'a également rendue plus sensible. Le changement et les imprévus me sont difficilement supportables, mais je travaille à les accepter, afin de trouver un juste équilibre dans mon rapport au monde et aux autres.

Ce que vos doigts révèlent sur votre santé

De nombreux chiromanciens avancent aujourd'hui l'idée qu'il est possible de glaner des informations sur votre état de santé, en observant la forme de vos doigts, bien que les avis divergent parfois quant à cette pratique. En voici une rapide analyse, afin de vous guider dans vos lectures.

Les doigts « en cuillère »

Tout comme les ongles en forme de cuillère, ils sont parfois le signe de maladies cardio-vasculaires ou cérébrales, mais ils doivent être recoupés avec d'autres symptômes afin de déceler ces maladies.

Les doigts en forme de cône

Ils sont souvent achevés par des ongles de la même forme. Cette caractéristique pourrait être symptomatique de douleurs au niveau du cou et des lombaires, sans que cela soit systématique.

Les doigts fins et longs

Ils n'ont pas de signification particulière, si ce n'est un possible terrain propice à des maladies gastro-intestinales ou à des états proches de la dépression.

Les doigts de forme carrée

Il ne s'agit pas uniquement de la forme globale, mais bien du bout du doigt. S'ils se finissent de façon carrée et non arrondie, comme c'est le cas la plupart du temps, il arrive que cela marque une prédisposition à la neurasthénie, qui se manifeste par un état de tristesse, de mélancolie, voire d'abattement durable et sans raison apparente, souvent confondu avec la dépression.

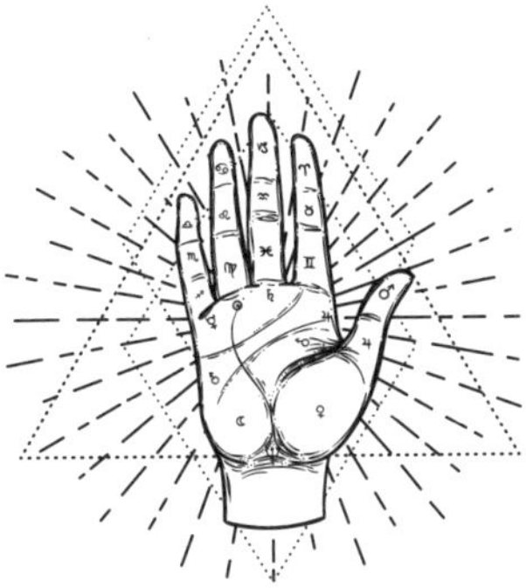

CHIROMANCIE ET LECTURE DE VOS ONGLES

Nous l'avons vu, les lignes de la main ne sont pas les seules pistes d'analyse permettant de connaître votre personnalité et les inclinations de votre vie. En effet, bien que nous parlions souvent de la paume et des doigts, nous oublions un élément essentiel : vos ongles. Les ongles sont également porteurs d'informations, qui s'expriment par leur forme, leur couleur, leur façon de pousser…

Ce que vos ongles révèlent de votre tempérament

Petits ongles

Les ongles petits, qu'ils soient de forme ronde ou carrée, sont caractéristiques d'une tendance à l'anxiété et à la nervosité, qui peut s'exprimer dans le comportement ou bien être refoulée. Dans ce cas, la personne aura tendance à se ronger les ongles pour extérioriser son angoisse. Bien souvent, cette anxiété s'accompagne d'une impulsivité, témoignant d'une difficulté à prendre du recul et à faire preuve de calme et de réflexion. Vous connaissez forcément quelqu'un qui ne fuit pas le conflit ou qui exprime le fond de sa pensée sans détour. Ce tempérament a le mérite de tendre à la sincérité, puisque ces personnes ne se satisfont pas de faux-semblants.

Ongles de forme ovale

Certaines personnes ont naturellement des ongles de forme ovale, signe d'un caractère soigné et d'une grande importance donnée au confort et à l'apparence. Il n'est pas étonnant de les voir s'entourer de choses ou de personnes qui répondent à cette vision esthétique et les mettent en valeur. Ce sont souvent des personnes très coquettes, soignées, mais qui rechignent parfois à effectuer un travail dur ou manuel.

À l'inverse, les personnes ayant de grands ongles (en général de forme rectangulaire) bénéficient davantage d'un caractère calme, prompt à la réflexion et au recul. Cela ne veut pas dire qu'en situation de stress ou de conflit, elles ne sont pas susceptibles d'éclater, mais que leur colère et leurs émotions mettent plus de temps à se manifester. Prudence, malgré tout, car si faire preuve de recul permet de désamorcer nombre de conflits, il est parfois nécessaire de ne pas tout garder pour soi, mais d'exprimer son ressenti, afin d'éviter que des différends ne prennent de l'ampleur et qu'il ne soit plus possible de les résoudre ensuite. Enfin, si le calme et la pondération sont des atouts importants et vous évitent de vous enliser dans des situations délicates, de faire ou dire des choses que vous regretteriez ensuite, ils peuvent également constituer un frein à l'action et vous faire manquer d'initiative et de réactivité pour saisir les opportunités qui se présentent.

Il n'existe pas un tempérament qui vaille mieux qu'un autre, tous sont porteurs de forces et de faiblesses, c'est à vous d'en prendre conscience et de connaître votre fonctionnement, pour adapter votre attitude aux différentes situations de la vie quotidienne. Il faut parfois se forcer à prendre un peu de recul ou, à l'inverse, se motiver à agir, pour son propre bien. Néanmoins, la forme de votre ongle n'est pas le seul élément capable de vous éclairer sur votre tempérament, comme en témoignent ces caractéristiques.

Lunule de l'ongle

Une lunule visible (bande blanche sur la base de votre ongle) est un signe de bonne santé, tant sur le plan physique que spirituel. Vous ne souffrez pas, a priori, de carences et votre énergie et votre oxygène circulent librement au sein de votre corps.

Si vous ne voyez que la couleur de votre ongle, sans lunule apparente, alors ça peut être le signe d'un déficit en énergie, ou en oxygène, ayant un impact sur votre vivacité, sur votre santé, et vous rendant plus sensible à la fatigue et à l'essoufflement. Mais ne vous alarmez pas, cela n'est pas nécessairement le signe de quelque chose de grave. Ce signe peut simplement indiquer que des inquiétudes, des préoccupations, perturbent votre équilibre.

Présence de striures verticales dans les ongles

Des striures, lignes ou encore cassures apparaissent souvent sur un ongle abîmé par le travail physique ou manuel. Ces marques sont également un signe de profond investissement, mais peuvent parfois représenter un signal d'alerte, pour vous inciter à prendre du repos, en particulier si aucune rainure n'apparaît sur votre ongle, ce qui est un symptôme de fatigue ou de mauvaise oxygénation : il est temps de faire une pause.

Présence de striures horizontales

Ces striures peuvent être perceptibles à la vue ou au toucher et sont symptomatiques d'un choc physique – comme la maladie ou un accident – ou mental, dû à un conflit avec un proche ou une grande source d'angoisse.

Ongle du pouce

Maintenant que vous avez observé vos ongles dans leur globalité, focalisez-vous sur celui du pouce, très révélateur, puisqu'il s'agit du doigt que l'on sollicite le plus et qui a joué un rôle majeur dans l'évolution humaine. C'est le doigt de l'action, utile dans tout ce que l'on entreprend. Vous vous apercevrez que la lunule de votre pouce n'est pas la même que sur vos autres doigts. En effet, il est courant que des personnes n'ayant pas de bandes blanches sur leurs doigts en possèdent malgré tout une sur le pouce, peu importe sa taille ou son aspect. Plus votre marque sera grande, plus vous aurez un tempérament ouvert aux autres. Vous vous soucierez de vos proches et apprécierez d'être entourés.

Il peut être intéressant de comparer les rainures de vos deux pouces, pour mesurer l'évolution de votre rapport aux autres. La ligne de mon pouce gauche, par exemple, est plus fine que la droite. Cela n'a rien de surprenant, puisqu'au fil des années, j'ai appris à m'ouvrir aux autres. Je ne suis pas devenue plus sociable, puisque j'ai toujours été une enfant très avenante, qui allait vers les autres et appréciait discuter, mais l'intérêt que je portais à mon prochain a évolué. Avec le temps, je me suis détachée de l'égoïsme de l'enfance et de l'adolescence, j'ai appris à élargir ma vision du monde qui m'entoure et à me soucier davantage des problèmes d'autrui. Pour autant, je n'ai pas fini d'évoluer. Je travaille à faire la part des choses, à me recentrer sur moi-même lorsque c'est nécessaire et à savoir dire non pour me préserver. Il est important de poser des limites, afin de ne pas s'épuiser à satisfaire les désirs et la volonté des autres.

Ce que révèlent les ongles sur votre santé

Les ongles ne sont pas uniquement révélateurs de votre tempérament, mais constituent des indicateurs de votre état de santé. Un ongle abîmé, une forme ou une couleur anormale peuvent être les indicateurs d'une maladie, d'une défaillance cardiaque ou respiratoire. Le corps médical utilise souvent l'observation de nos ongles pour avancer un diagnostic ou déceler certains problèmes. Une mauvaise oxygénation, par exemple, se manifestera par des ongles perdant peu à peu leur couleur rosée pour basculer vers le blanc ; un ongle noir pourra, quant à lui, traduire une infection. Bien sûr, ces seuls symptômes ne permettent pas de poser un diagnostic. Mais, couplés avec d'autres, ils peuvent être d'intéressants indicateurs et faire office d'avertissement. Voici donc les signes de mauvaise santé les plus courants, reconnus à la fois par le corps médical et par des spécialistes en chiromancie.

Ongles « en cuillère »

Ce terme désigne un ongle creusé en surface, signe de dérèglement de votre organisme, généralement d'une carence en fer. Le fer est un oligo-élément essentiel au bon fonctionnement du corps humain, mais il est impossible pour ce dernier de le synthétiser. Il nous faut donc le trouver dans notre alimentation. Il s'agit de l'une des carences les plus répandues, particulièrement chez les personnes menstruées. Si vos ongles sont creusés, n'hésitez pas à contrôler votre taux en fer par une prise de sang et à rééquilibrer son apport, à l'aide de compléments alimentaires ou d'aliments naturellement riches en fer, selon les recommandations de votre médecin. À l'inverse, dans certains cas, les ongles « en cuillère » sont signe d'hémochromatose, une maladie provoquée par une trop grande absorption de fer, ce dernier venant alors se déposer sur certains organes. Ils peuvent aussi être le signe d'hypothyroïdie, un dérèglement de la thyroïde qui s'accompagnera d'autres symptômes comme la fatigue, une prise ou une perte de poids excessives et des problèmes capillaires.

Lignes de Beau

Les lignes de Beau sont des marques parallèles et horizontales qui apparaissent sur l'ongle suite à une interruption de la synthèse de la kératine (une protéine présente dans la matrice de l'ongle). Ces lignes ne sont pas toujours causées par des chocs ou le travail manuel, elles peuvent être liées à des maladies bien précises, comme la scarlatine, la rougeole ou les oreillons, qui sont des maladies infantiles aujourd'hui bien soignées. Chez l'adulte, cela peut également être le signe d'une carence en zinc. N'hésitez donc pas à vérifier votre taux d'oligo-éléments, bien que cela reste sans gravité.

Onycholyse

Plus préoccupante, l'onycholyse est une séparation de l'ongle, très nettement visible à l'œil nu, qui entraîne un détachement d'une partie de l'ongle ou de l'ongle dans sa globalité. Cela doit attirer votre attention sur une maladie ou une infection qu'il convient de traiter. N'hésitez donc pas à solliciter l'avis de votre médecin, en particulier si ce problème survient après la prise d'un nouveau médicament.

Ongle jaune

À ne pas confondre avec l'onycholyse, l'ongle jaune affecte la totalité ou une partie de votre ongle, par l'apparition d'une ligne jaune. Le jaunissement de l'ongle peut survenir en réaction à la prise d'un médicament et s'accompagner d'un gonflement de l'ongle. Il peut s'agir aussi d'un signe de pathologies telles que le psoriasis, le diabète, la jaunisse, la tuberculose, la sinusite, la bronchite ou les problèmes de thyroïde. Dans tous les cas, au moindre doute ou signe inquiétant, il est conseillé d'obtenir le diagnostic d'un médecin.

Trous dans l'ongle

La présence de trous dans l'ongle n'est pas due au hasard et ne doit pas être négligée. Elle peut, en effet, être révélatrice de maladies telles que l'arthrite, le psoriasis, ou encore l'alopécie (aussi appelée « pelade »). Autant de pathologies qui, si elles ne sont pas mortelles, doivent être décelées par un diagnostic et traitées rapidement.

Les ongles de Terry

Cette appellation désigne un ongle dont l'embout est rose. Si cette caractéristique peut apparaître avec l'âge, il arrive aussi qu'elle révèle des problèmes cardiaques, une insuffisance rénale ou diverses maladies du foie. Là encore, inutile de vous alarmer si vous constatez l'apparition de cette bande rose, mais n'hésitez pas à vous renseigner et à demander des conseils en cas de doute ou de l'apparition d'autres symptômes.

Hippocratisme digital

C'est l'un des symptômes les plus difficiles à déceler, dans la mesure où il se manifeste uniquement par une forme arrondie et élargie de l'ongle, qui ne semble pas alarmante à première vue. Il peut, malgré tout, témoigner de maladies affectant le foie, le cœur, les intestins ou les poumons. Toutefois, pas de panique : ces pathologies s'accompagnent souvent d'autres signaux, ne consultez votre médecin qu'en cas de doute.

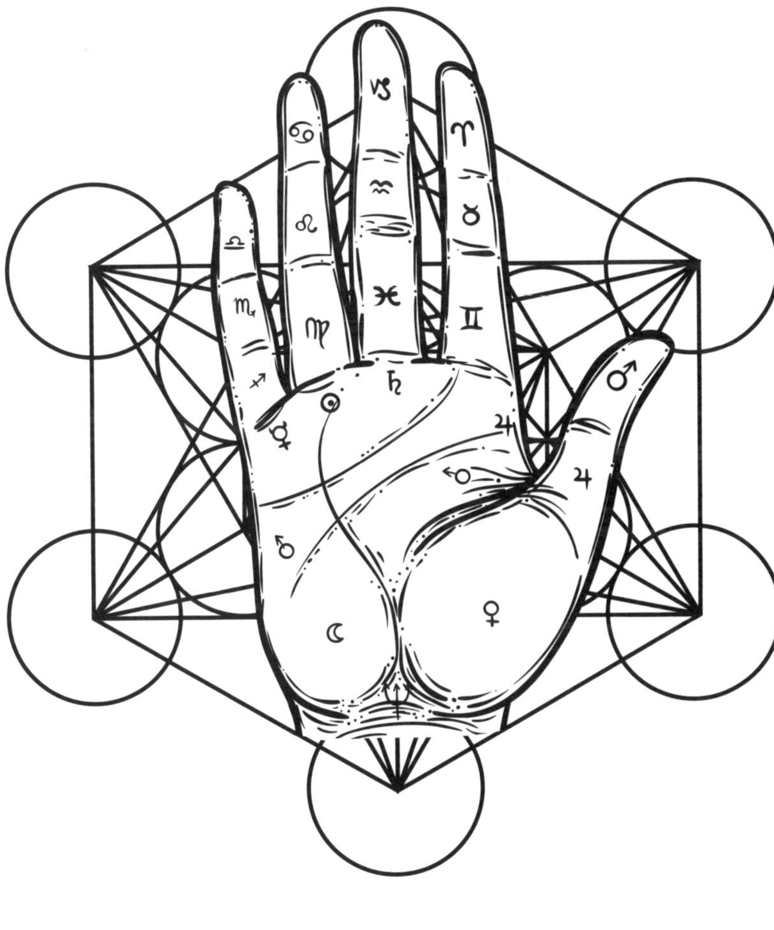

FICHES PRATIQUES

Il est parfois difficile de ne pas s'égarer à travers toutes les analyses et les présentations. Vous trouverez ici des fiches pratiques qui vous guideront lors de vos lectures et de vos expérimentations. N'hésitez pas à vous y reporter, ces dernières reprennent très simplement le vocabulaire, les définitions et les notions de chiromancie contemporaine.

LOCALISATION ET DÉFINITION DES TROIS LIGNES PRINCIPALES

La ligne de vie

Elle dessine un arc de cercle autour du pouce. Contrairement à une idée communément répandue, sa longueur ne détermine pas votre espérance de vie. C'est surtout sa profondeur qui importe : plus elle est profonde, plus il y a de vitalité en vous. Si, à l'inverse, elle est courte ou peu profonde, ce n'est pas le signe d'une mort prochaine, rassurez-vous, mais bien du fait qu'il vous faudra prendre davantage soin de votre santé. Vous pouvez ainsi être plus enclin à la fatigue ou avoir une santé plus fragile, sans pour autant que votre espérance de vie soit en jeu. En prendre conscience permet de se montrer plus précautionneux et de se ménager davantage, c'est donc une bonne chose.

La ligne de tête

Elle se situe juste au-dessus de la ligne de vie. Elle traverse le milieu votre main et renvoie à votre sensibilité et à votre capacité à faire preuve d'intuition ou d'émotion. Les personnes très intuitives et émotives auront une ligne de tête dont la courbe se dirige vers le bas, tandis que les personnes plus « cérébrales » verront leur ligne remonter vers le haut. Lire cette ligne permet ainsi de mieux connaître vos inclinations et de faire la lumière sur vos agissements et votre façon de penser. Bien souvent, faire preuve de trop d'émotivité est mal perçu – par les autres ou par vous-même –, mais il vaut mieux accepter ce fonctionnement et voir en quoi il influence notre état d'esprit. Se montrer intuitif et empathique peut être un formidable atout pour comprendre les autres. Enfin, une ligne de tête droite est révélatrice d'un juste milieu entre intuition et cérébralité.

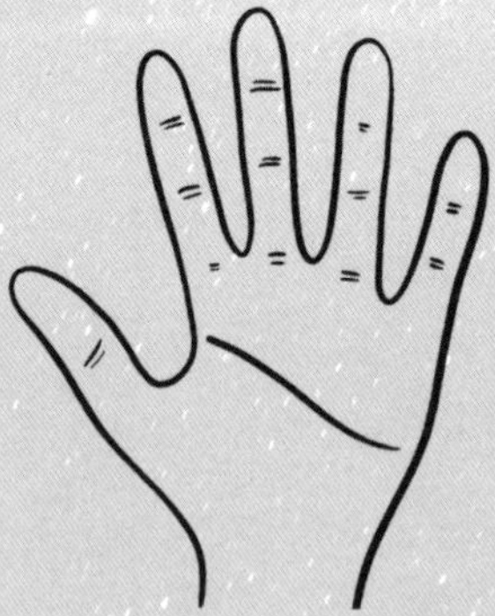

La ligne de cœur

Située en haut de la paume de votre main, elle révèle, comme son nom l'indique, les inclinations de votre cœur et permet d'analyser vos relations passées et futures, mais également votre rapport à l'amour et au sentiment. Une ligne de cœur tortueuse est le signe de relations amoureuses passionnées, chaotiques ou tumultueuses. Enfin, elle indique également votre tendance à la fidélité, puisqu'une ligne de cœur s'arrêtant avant ou au niveau du doigt de Saturne (le majeur) est la caractéristique des personnes fidèles. À l'inverse, une ligne qui s'achève en dessous du doigt de Jupiter (l'index) est la marque d'un caractère infidèle ou d'une réticence à s'engager.

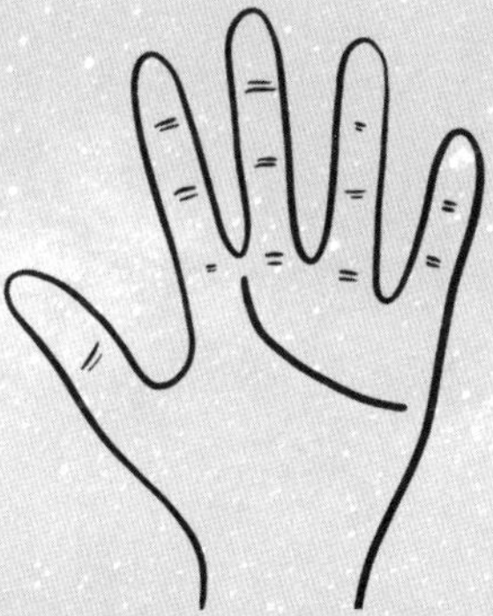

LA LIGNE DE TÊTE

Où se situe-t-elle ?

La ligne de tête se situe en haut de votre main. Elle débute, en général, au même au niveau que votre ligne de cœur et traverse votre paume horizontalement.

Que représente-t-elle ?

La ligne de tête est liée à vos capacités mentales et psychiques. Elle donne des informations sur votre état d'esprit, votre type d'intelligence et votre tempérament. Dans certains cas, elle peut être aussi révélatrice d'une pathologie mentale.

Qu'est-ce qu'une ligne de tête « idéale[3] » ?

La ligne de tête « idéale » est très longue, nette et continue, c'est-à-dire sans brisures ni îlots. Elle traverse la paume horizontalement puis s'incline vers le bas en s'achevant par une fourche aux deux extrémités identiques.

3. Par « idéale », j'entends une ligne de tête révélant une parfaite stabilité mentale et émotionnelle, ainsi qu'un juste équilibre entre notre capacité d'imagination et notre sens pratique. Il s'agit bien plus d'une valeur d'échelle que d'un jugement définitif, ne vous inquiétez donc pas si ces caractéristiques ne vous correspondent pas.

Que révèle sa forme ?

- Ligne longue : vivacité d'esprit, intelligence et caractère flexible, personne curieuse de tout, avec de nombreux centres d'intérêt.
- Ligne courte (avant ou sous le majeur) : personne « terre à terre », focalisée sur un centre d'intérêt plutôt que sur plusieurs.
- Ligne marquée ou forte : grande capacité de concentration et de réflexion.
- Ligne faible ou effacée : difficulté de concentration et de focalisation, tendance à s'éparpiller.
- Ligne marquée par des îlots : présence de troubles psychologiques, anxiété, troubles du sommeil, phobie.
- Ligne ondulée : indécision, difficultés d'action ou de choix, manque de réactivité ou d'instabilité.
- Ligne totalement droite : personne prosaïque, rationnelle, avec une bonne capacité d'analyse.
- Ligne inclinée vers le bas : esprit créatif, grande imagination, manque de sens logique.

LA LIGNE DE CŒUR

Où se situe-t-elle ?

La ligne de cœur est la plus haute ligne de votre paume, qui traverse votre main en remontant jusqu'à l'index.

Que représente-t-elle ?

Elle représente vos facultés émotives, elle est le miroir de vos relations affectives et amoureuses. En d'autres termes, elle montre la manière dont vous aimez et avez été aimé. Certains considèrent également qu'au même titre que la ligne de vie, elle peut être annonciatrice de certaines pathologies ou défaillances cardiaques.

Qu'est-ce qu'une ligne de cœur « idéale » ?

La ligne de cœur « idéale » est marquée, profonde et nette. Elle ne souffre ni d'interruption ni de cassure et se termine souplement entre l'index et le majeur. Cette forme est le signe d'une grande stabilité émotionnelle et d'un juste équilibre entre vos capacités à ressentir et à penser, qui rejaillit sur des relations amoureuses et amicales durables et sereines.

Que révèle sa forme ?

- Ligne achevée au niveau du majeur ou avant : difficulté à avoir des relations amoureuses longues.

- Ligne achevée entre l'index et le majeur : stabilité émotionnelle et sentimentale. Personne ouverte et avenante, avec une bonne capacité à aller vers les autres.
- Ligne achevée au niveau de l'index : grande émotivité, présence de sentiments forts, préfère le cœur à la raison, romantisme développé, grande place laissée aux sentiments, supérieure à celle de l'attirance physique.
- Ligne chevauchant la ligne de tête : marque un désaccord entre l'esprit, la raison et la nature profonde des sentiments. Manque d'épanouissement dans les relations.
- Ligne croisée ou entrecoupée : grande sensibilité à double tranchant, sentiments très profonds, attachement facile, personne facilement blessée ou déçue.
- Grand espace entre les lignes de tête et de cœur : ouverture d'esprit, ouverture aux autres, capacité à prendre du recul.
- Espace faible entre les lignes de cœur et de tête : étroitesse d'esprit ou tendance à l'égoïsme, manque de recul, impulsivité.

LA LIGNE DE VIE

Où se situe-t-elle ?

Ligne la plus importante et la plus visible, elle débute au milieu de votre paume, entre l'index et le pouce, puis suit une courbe qui longe votre pouce (mont de Vénus) jusqu'au bas de votre paume.

Que représente-t-elle ?

Elle ne représente pas votre espérance de vie, mais bien votre force vitale, c'est-à-dire l'état général de votre santé et de votre constitution physique ; en d'autres termes, votre vitalité. Elle peut ainsi être annonciatrice de passages à vide, d'épisodes de fatigue ou encore de maladies.

Qu'est-ce qu'une ligne de vie « idéale » ?

La ligne de vie « idéale » est longue, ininterrompue et profonde. Elle ne rencontre aucun pont ni îlot et n'est marquée d'aucune brisure. C'est le signe d'une constitution robuste, d'une bonne santé et d'une hygiène de vie soignée. Cela peut également être révélateur de beaucoup d'énergie et de vitalité. Si votre ligne est brisée, pas d'inquiétude, il peut s'agir d'une simple invitation à faire plus attention à votre hygiène de vie, puisque les lignes changent au cours de l'existence.

- Ligne nette et étendue : grande vivacité, vitalité, bonne santé.
- Ligne courte et profonde : robustesse, grande vitalité et bonne santé globale. Cherchez la raison de cette rupture dans la lecture des autres lignes, cela peut correspondre à une épreuve physique ou mentale.
- Longue et effacée : facilité à tomber malade, fatigue, manque de vitalité.
- Ligne marquée par des îlots : présence probable de problèmes de santé ou d'épisodes de grande fatigue.
- Ligne brisée par des cassures : événements ou épreuves conduisant à des changements au cours de l'existence (changements physiques, de santé, géographiques).
- Ligne proche du mont de Vénus ou le chevauchant : recentrement sur soi, personne introvertie, difficulté à exprimer et à comprendre les sentiments, solitude.
- Ligne éloignée du mont de Vénus : gentillesse, convivialité, affection, émotivité.
- Ligne de vie indépendante de la ligne de tête : signe d'impulsivité, de confiance en soi, d'une difficulté à prendre du recul, d'impatience, d'ouverture aux autres.

- Ligne reliée ou croisée à la ligne de tête : indécision, caractère introverti, tendance à l'inaction, mais capacité à prendre du recul.

Note : le point de démarcation entre la ligne de tête et de vie révèle la période de votre vie durant laquelle vous vous détachez de l'influence de vos proches. Par exemple, en devenant indépendant de vos parents, en prenant du recul par rapport à votre cercle d'amis, en apprenant à composer avec la solitude. Pour le connaître, vous pouvez vous référer à ce schéma afin de déterminer quelle tranche d'âge est concernée.

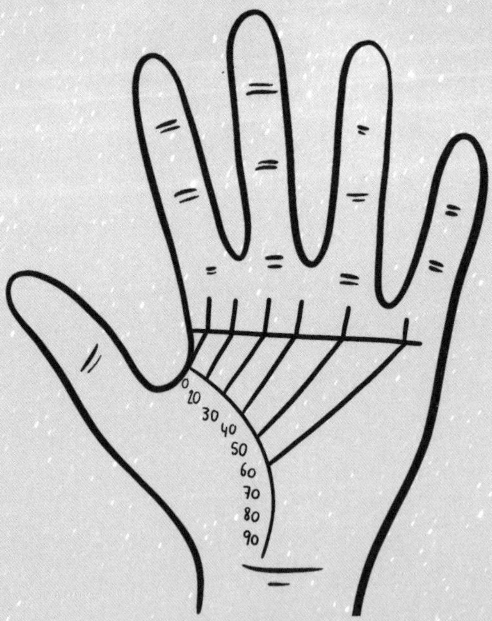

MÉTHODOLOGIE POUR LIRE LES LIGNES DE VOTRE MAIN

- Posez votre main à plat, autant que vous le pouvez, afin de ne pas fausser l'analyse.
- Observez, paume ouverte vers le ciel, vos monts.
- Sont-ils tous identiques ou certains se démarquent-ils des autres ? Notez qu'ils peuvent être plus gros, plus petits, plus enfoncés…
- Rapportez-vous à la signification des monts.
- Analysez vos aptitudes naturelles. En quoi ces dernières influent-elles sur votre comportement ? Votre capacité à réussir et à dépasser les épreuves ? Comment les renforcer ?

Une fois ce bilan effectué, nous pouvons passer à l'étape suivante.

Les lignes de la main ne sont pas les seuls paramètres pour analyser votre main. Afin que la lecture soit la plus complète possible, il vous faut également prendre en considération de nombreux autres paramètres, qui vont influencer votre interprétation. En voici la liste :

- les reliefs de votre main, comme les creux ou les bosses ;
- la longueur de vos différentes phalanges ainsi que leur largeur ;

- l'écartement entre vos doigts (grand, réduit, régulier, irrégulier) ;
- la forme de votre paume ;
- la forme de vos doigts.

Autant de paramètres qui sont souvent négligés par manque de pratique et de connaissance. Ils sont la raison pour laquelle on privilégiera toujours une lecture en présentiel, qui laissera la possibilité d'un contact et de pouvoir s'attarder sur des détails, à une lecture à distance, souvent trop parcellaire. Enfin, de nombreux logiciels ont fait leur apparition ces deux dernières décennies, proposant la lecture des lignes de votre main. Les avis des spécialistes divergent quant à leur fiabilité, aussi conseille-t-on de privilégier une approche plus authentique, traditionnelle, ne serait-ce que pour apprendre par soi-même le fonctionnement de la chiromancie. De plus, au-delà de la fiabilité des résultats, peut se poser la question du traitement de vos données personnelles. Où ces dernières sont-elles conservées ? Dans quel but ? Assurez-vous de bien vous renseigner avant d'utiliser ces applications et, si possible, de croiser leur résultat avec votre propre analyse, ce qui vous garantira une lecture plus complète.

LA FORME DES ONGLES

Cette fiche reprend les caractéristiques les plus connues des ongles. Elle vous sera très utile pour vous aider à jauger les personnes que vous serez amené à rencontrer. Effectivement, si l'occasion n'est pas souvent donnée de lire les lignes de la main d'autrui – soit parce que cette personne est réfractaire à la pratique, soit parce que le contexte ne s'y prête pas –, il est beaucoup plus facile d'observer les ongles. Rappelez-vous cependant que ces éléments ne sont listés qu'à titre informatif et ne remplacent pas une lecture plus poussée et donc plus complète. Si ces éléments peuvent vous aiguiller, ils ne doivent pas servir à l'expression d'un avis tranché, il existe toujours des cas particuliers.

- Ongles longs et étroits : tendance à l'égoïsme et au recentrement sur soi.
- Ongles « en amande » : personne soignée, tendance créative.
- Ongles courts : tendance à l'impatience et à l'impulsivité, personne capable de prendre rapidement des décisions.
- Ongles en forme d'éventail (ongles s'élargissant en poussant) : personne de nature anxieuse.
- Ongles longs et larges : rapidité d'esprit et de réflexion, mais tendance à l'impulsivité.

- Ongles larges et carrés : tendance à la chance et à la réussite due à un caractère stable et droit.

CONCLUSION

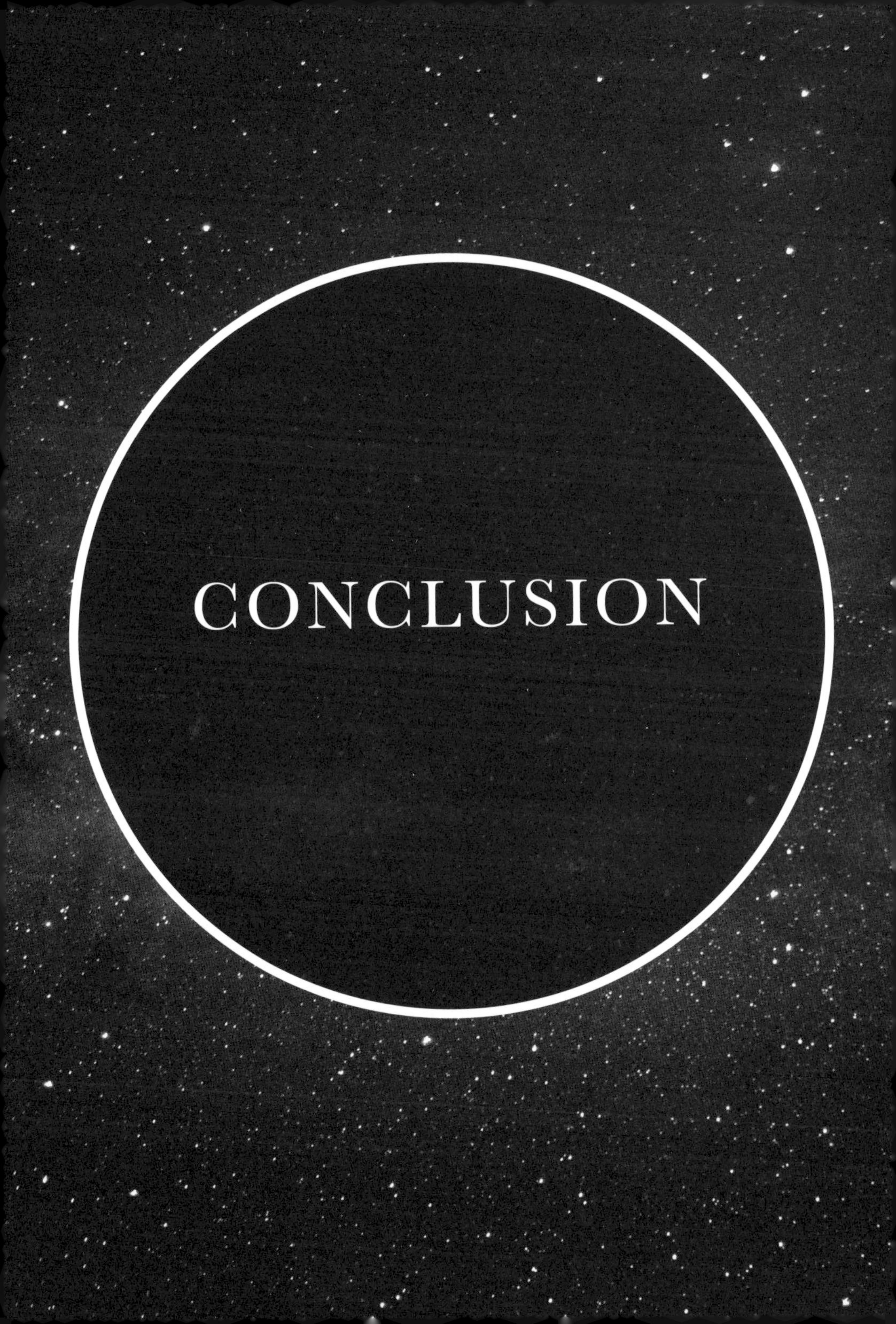

Dans cet ouvrage, vous avez pu constater que la chiromancie est un art vaste et complexe, qui doit être examiné avec recul et dépouillé de toutes les idées reçues pour dévoiler son plein potentiel. Plus que de vous proposer un simple guide de la chiromancie, l'objectif de ce livre est de vous faire prendre conscience des messages incroyables que contiennent vos mains. Sans elles, vous ne pourriez accomplir vos tâches quotidiennes, travailler, créer. Elles sont un outil indispensable pour chacun d'entre nous : artiste, chirurgien, agriculteur, peintre, électricien, boulanger… tant de professions et de passions qui ne pourraient s'accomplir sans elles.

Cependant, elles sont également le miroir de notre existence et révèlent bien plus d'informations qu'on ne pourrait le penser de prime abord. Des mains soignées, propres, aux ongles coupés exprimeront un soin porté à votre apparence ; des ongles colorés, un sens de l'esthétisme, voire une certaine excentricité ; des ongles courts et rongés, une tendance à la nervosité ; des mains calleuses, un travail manuel ou un mode de vie en extérieur… Autant d'exemples qui tendent à montrer que vos mains participent pleinement à l'image que vous renvoyez, ce qui explique sans doute pourquoi certaines personnes, hommes ou femmes, leur accordent une grande importance dans les jeux de séduction ou durant la première rencontre. De la même manière, l'intérieur de vos mains vous adresse des messages, des avertissements, des conseils, qu'il faut apprendre à déchiffrer et à écouter. Maîtriser la lecture des lignes de votre main vous permet de prendre la pleine mesure de votre potentiel, d'agir sur les éléments clés de votre vie et d'affiner votre personnalité, pour devenir quelqu'un de meilleur.

Nous ne pouvons pas agir sur les choses que nous ignorons. En revanche, en prenant pleinement conscience de vos failles, vos peurs et vos faiblesses, vous faites un premier pas pour les dépasser. La chiromancie vous donne le signal et vous rend capable de mesurer le chemin parcouru. Elle ne doit pas être un dogme, mais un guide. Elle ne doit pas vous limiter, mais vous inciter à donner le meilleur de vous-même. Il ne s'agit pas d'attendre que des prédictions se réalisent, il s'agit de se préparer à accueillir l'avenir et à prendre les devants, lorsque c'est nécessaire. La chiromancie ne se limite pas à tenter de deviner la date de votre mort, l'arrivée d'un cancer ou d'une somme d'argent providentielle, mais elle vous aide à faire le point sur les options qui s'offrent à vous, à comprendre les mécanismes de votre état d'esprit, à réinvestir votre énergie dans tous les domaines de l'existence, qu'ils soient personnels, professionnels ou amoureux. Apprendre à vous connaître, c'est reprendre le contrôle. Ainsi, pensez à conserver une certaine souplesse durant vos lectures et, surtout, ne vous découragez pas et pratiquez le plus souvent possible. Envisagez la chiromancie comme un jeu de pistes et de devinettes, qui vous permettra de remettre en ordre le puzzle de votre vie.

BIBLIOGRAPHIE

OUVRAGES

Le Masson, Anne-Marie, *Lignes de la main : Méthode illustrée Chiromancie, Chirologie*, Trajectoire, Escalquens, 2009.

Poinsot, Maffeo Charles, *Dictionnaire élémentaire de chiromancie : Méthode pour lire soi-même dans les mains*, La Clef d'Or, Toulouse, 2016.

Perceval, *Interpréter les lignes de la main : Guide complet de la chiromancie*, ESI, Paris, 2013.

Robbins, Heather Roan, *Lire les lignes de la main : Comprendre sa personnalité à travers l'art de la chiromancie*, Vigot, Paris, 2018.

Savard, Claire, *La Chirologie : Votre destin dans les lignes de votre main*, Éditions du Dauphin Blanc, Québec, 2014.

Southgate, Anna (dir.), *L'Art de la chiromancie : Apprenez à lire les lignes de la main*, L'imprévu, Paris, 2017.

Struthers, Jane, *La Bible de la chiromancie : Un guide pratique pour la lecture des lignes de la main*, Guy Trédaniel, Paris, 2006.

Webster, Richard, *La Chiromancie pour débutants : Découvrez ce que l'avenir vous réserve par l'examen de vos mains*, Pochette, Paris, 2016.

VIDÉOS

GUYOT, Jean-Jacques, « La lecture des mains », mise en ligne le 7 avril 2014, disponible sur : https://www. youtube. com/watch?v=c_ZbGa7xI4M, consultée le 3 février 2020.

SANTOS, Antonio : « Chirologie contemporaine », mise en ligne le 31 août 2016, disponible sur : https://www. youtube. com/watch?v=eEbezhx6xkE, consultée le 15 février 2020.

SANTOS, Antonio : « Chirologie : Les ongles parlent », mise en ligne le 31 juillet 2017, disponible sur : https:// www. youtube. com/watch?v=BtfaHed2LF8, consultée le 15 février 2020.

SANTOS, Antonio : « Traiter et comprendre l'avenir », mise en ligne le 16 décembre 2016, disponible sur : https://www. youtube. com/watch?v=sHb9vS_CaDw, consultée le 15 février 2020.

SITES INTERNET

ARTOIS, Clément, « La Chiromancie : l'art d'interpréter les signes de la main », *in* : Conscience et éveil spirituel, mis en ligne le 9 août 2015. Disponible sur :https:// www. conscience-et-eveil-spirituel. com/la-chiromancie-lignes-main. html, consulté le 3 février 2020.

VIVERSUM, « Chiromancie : lire dans les lignes de la main », *in* : Viversum. Disponible sur : https://www. viversum. fr/consultation/lire-dans-les-lignes-de-la-main, consulté le 15 février 2020.

« La Chirologie. Apprendre à lire les lignes de la main », disponible sur : https://lire-lignes-de-la-main. com.

Dépôt légal : septembre 2020.
Achevé d'imprimer par Typo'Libris en août 2020.